21세기 한반도의 유일한 희망

한·일 연방국

이 용 재 지음

징검다리

21세기 한반도의 유일한 희망

한·일 연방국

초판1쇄 인쇄일 : 2001년 3월 1일
초판1쇄 발행일 : 2001년 3월 1일
지 은 이 : 이 용 재
펴 낸 이 : 박 대 용
편   집 : 임 혜 란·조 지 연
영   업 : 신 제 찬
편집회사 : 금하기획 Tel. (02)337-6765
펴 낸 곳 : 징검다리
등록번호 : 제10-1574호
주   소 : 서울특별시 마포구 합정동 426-1번지
전   화 : (02)3143-1966, (02)332-3880
팩   스 : (02)3143-2757
ISBN 89-88246-30-6

프롤로그

　　우리 한국인들의 가장 큰 모순은 자신이 좋아하는 사람과 옳은 사람을 구분하지 않는다는 것이다. 자신의 출신 지역 정치인에게 친근감을 느끼고 좋아하게 되는 것은 인지상정이다.

　　따라서 자기지역출신 정치인을 좋아하는 것은 당연한 현상이다. 그러나 자신이 좋아하는 정치인을 옳은 사람이라고 믿게 되면 고질적인 지역감정으로 발전하게 되는 문제가 발생하는 것이다. 자기지역출신 인사와 자기지역만을 생각하는 지역감정은 다시 국수주의로 발전하게 되는 것이다. 이러한 국수주의가 다시 외국문화와 담을 쌓는 쇄국주의로 발전하게 되는 것은 너무나 자연스러운 현상이다.

　　대한민국은 구한말 쇄국주의를 고집하다가 세계의 발전 속도와 호흡을 맞추지 못하고 끝내 식민지로 전락하고 말았다.

　　현대에 와서도 우리는 세계화를 목표로 선진국 제도의 도입을 위해 노력하고 있지만 결과는 역시 만족스럽지 못했다. 그 이유는 지금도 우리는 정신적 국수주의에서 완전히 탈피하지 못하고 있기 때문이다.

　　우리의 관습이 표준이며 타민족의 관습은 비록 좋다고 하더라도 선뜻 받아들이려 하지 않고 있다.

　　미국식은 너무 피곤하고 우리의 미풍양속과 관습에

맞지 않아서, 일본식은 일본인들이 얄미워서, 독일식·프랑스식은 뭐가 뭔지 몰라서…….

　이것 저것 다 빼고 나면 우리가 알고 있는 것은 중국식 공자, 맹자 사상과 민족 주체성, 백두대간, 세계최고의 한글, 금수강산 뭐 이런 것들이다. 이런 자랑거리와 국수적인 생각으로는 우리 앞날의 문제를 해결할 수 없다.

　국수적인 민족지상주의는 어떤 대가를 치르더라도 민족 통일을 이루어야 한다는 극단적인 사고로 발전하게 되었고, 이러한 극단적인 사고에 입각하여 우리 정부는 북한당국에 일방적인 양보를 하여 상호주의의 훼손이라는 새로운 문제를 야기시켰다. 워낙에 인심좋은 정책을 펴다보니 이 공로를 세계적으로 인정받아 급기야는 노벨 평화상 심사위원들을 감동시키기도 하였다. 자신에게 총을 겨누고 있는 적에게 식량과 돈을 주어 순진한 평화주의의 극치를 보여 주었기 때문이었다. 분단 조국의 현실에서 평화 통일을 이루는 것이야말로 가장 이상적인 결론이다. 그러나 이상은 다 좋은데 항상 현실과 괴리가 있다는 것이 문제인 것이다. 우리는 지나친 민족주의를 경계하고 타민족과 협력하는 것을 배워야 한다.

　그것이 곧 진정한 세계화이자 21세기 국경없는 무한 경쟁시대에 살아 남을 수 있는 길이다.

차 례

차 례

차 례

차 례

"두 차례에 걸친 세계대전과 수없는 전쟁을 겪으면서 서로 적대시하던 영국·프랑스·독일·이태리 등이 유럽공동체(E.U)를 형성한 이유가 무엇이겠는가?

그것은 향후 세계경제 규모가 커져서 인구 3억 미만의 경제 단위는 살아 남을 수 없기 때문이다. 따라서 아시아인들도 반드시 아시아 경제공동체를 결성해야 한다.

한·일연방국은 이러한 아시아 공동체의 출발점인 동시에 중심이 될 것이다."

1

21세기 한반도의 유일한 희망

한 · 일 연방국

- 한 · 일 연방국의 필요성
- 한 · 일 경제 공동체로 기틀을 마련하다
- 성공적 통일의 지름길 – 한 · 일 연방국
- 한 · 일 연방국의 성공 조건

한 · 일 연방국의 필요성

> **"**
> 과거에도 단결된 유럽은 청나라와 터키를 완전히 짓밟아 아시아를 자신들의 식민지로 만든 적이 있었다. 개별국가의 국력이 약한 동아시아 국가들이 미국과 유럽의 경제적 식민지가 되지 않기 위해서는 동아시아의 단결 외에는 특별한 방법이 없다.
> **"**

한· 일 연방국을 이룩하기 위해서는 한국인들의 반일 감정을 극복해야 한다.

한 · 일 합방의 경험이 있는 한국인들은 한 · 일 연방 국가의 구성에 극열히 반대 할 수도 있다. 그러나 유감스럽게도 장래의 세계 정세는 지역 감정이 강하게 대두되어 인근 지역 국가들이 단결하지 않으면 살아 남을 수 없다.

미래의 세계 정치 무대는 유럽, 미국, 소련, 중국, 일본이란 5대 세력으로 재편될 전망이다. 아프리카는 앞으로도 단합하지 못하고 분열되어 유럽과 미국 세력에 지속적인 착취를 당하여 현재처럼 만년 빈국으로 남게될 가능성이 크다.

우리 아시아도 만약 단결을 이룩하지 못하면 아프리카와 같은 서지에 놓이지 않는다는 보장이 없다.

각각의 국력이 유럽이나 미국에 비해서 현저히 약한 동아시아의 국가들이 이러한 위험을 방지하기 위해서는 반드시 단결 해야 한다.

과거에도 단결된 유럽은 청나라와 터어키를 완전히 짓밟아 아시아를 자신들의 식민지로 만든 적이 있었다. 개별 국가의 국력이 약한 동아시아 국가들이 다시 미국과 유럽의 경제적 식민지가 되지 않기 위해서는 동아시아의 단결 외에는 특별한 방법이 없다.

또한 한·일 연방국 탄생은 동아시아인들이 단결하는 분명한 계기가 될 것이다. 그러나 한·일 연방국의 성립에도 문제가 없는 것이 아니다. 한·일 연방 국가 탄생의 최대 장애 요소는 한·일 민족 감정이다. 일제 식민지 경험이 있는 한국인들은 일본과의 연방국 구성에 대해 상당한 거부감을 가질 수 있으며 일본인들 역시 한국인을 싫어하는 염한 사상을 가지고 있기 때문이다. 이러한 상황에서 급격한 한·일 연방의 추진은 문제를 야기시킬 수 있다. 따라서 한·일 연방국은 처음에는 각각의 군대와 사법 제도를 갖는 약간 느슨한 형태로 출발하는 것이 좋을 것 같다.

교육, 문화, 외교, 경제면에서는 처음부터 강력한 연방 제도를 도입하여 완전 일치시키고 정치, 군사, 사법 제도는 처음에는 개별 국가의 책임하에 운영하다가 점진적으로 통합하는 것이 좋을 것 같다. 이렇게 하여 수십 년이 흐른 후, 두 민족이 문화적으로나 정치적으로 진정한 일치점을 찾았을 때 완전한 연방 국가로 전환해야 한다.

즉 한국인들이 일본어를 자국어처럼 유창하게 구사할 수 있고,

일본인들도 한국의 문화를 이해하고 그 우수성을 인정해 주는 상호 존중의 분위기가 무르익었을 때가 바로 완전한 한·일 연방국을 성립시킬 때인 것이다.

한·일 연방국 구성의 문제점은 여러 가지가 있지만, 두 민족 사이의 과거지사가 가장 중요한 장애 요인이 될 것이다. 따라서 한·일 양 국민은 지금부터라도 새로운 역사 인식을 가지고 다시 한번 과거지사를 재 조명해 볼 필요가 있는 것이다.

한·일 경제 공동체로 기틀을 마련하다

> 일본이 진정한 신뢰와 양보의 기초 위에 한국을 포용할 수 있
> 다면 동아시아에서 일본의 정치적인 지위는 상당히 강화될 것이
> 며 과거 일본 제국주의의 최대피해자인 한국과 가해자인 일본의
> 화해는 일본의 도덕성시비에 종지부를 찍는 전환점이 될 것이다.
> 또 성공적인 한·일 연방국의 탄생은 세계무대에서 일본은 진정
> 한 최강대국이 되며 한국은 경제적으로 독립하게 되는 것이다.

비유럽 국가인 한국이 유럽 공동체(EU)에 가입할 수는 없다. 그렇다고 미국이 주도하고 있는 북미 자유 무역 지대(NAFTA)에 가입할 수도 없다. 왜냐하면 미국은 한국을 북미 자유 무역 지대에 가입시키지 않을 것이라는 의사 표시를 한 적이 있었기 때문이다.

그렇다면 아시아 태평양 경제 협력체(APEC)가 우리가 가입할 수 있는 유일한 경제 공동체다. 그러나 APEC은 한국의 외환 위기 때 아무런 도움이 안 된다는 것이 이미 입증되었다.

중국은 사회 정치 체제가 우리와는 너무나 다르고 신뢰성도 없는 국가이며 군사적으로도 너무 공격적이다. 이러한 제반 문제를 검토해 보면 결국 한국이 경제 동맹을 맺을 수 있는 유일한 국가

는 일본인 것 같다.

　일본 역시 이대로 계속 고립되어 있다가는 언제 미국에게 당할지 알 수가 없다. 한·일 양 국민 사이에는 식민지 지배 등 과거사 문제가 얽혀 있어 진정한 의미의 화해가 어려운 것이 현실이다. 그러나 우리 한민족의 장래에 진정으로 중요한 것은 밝은 미래이지 어두운 과거사가 아닌 것이다.

　21세기가 시작되는 이 중요한 시기에 한국은 과거지사에 매달려 일본을 원망할 것이 아니라 미래지향적인 자세로 일본과 협력해야 한다.

　일본도 아시아의 맹주가 되기 위해서는 동남아 국가를 외면할 수는 없는 것이다.

　현실적으로 일본을 제외한 아시아 모든 나라의 GNP를 합쳐도 일본 GNP에 미치지 못한다. 마찬가지로 동남아시아 모든 나라의 GNP를 합쳐도 한국의 GNP에 미치지 못한다. 따라서 일본이 아시아에 뿌리를 내리기 위해서는 한국을 배제할 수 없고, 한국도 세계로 뻗어 나가기 위해서는 일본의 도움이 절대적으로 필요하다. 이러한 제반 조건을 감안할 때 한·일 경제 공동체는 양국 모두에게 필요한 것이라 생각된다.

　한·일 경제 공동체를 성립시키는 데에는 민족 감정외에 또 다른 문제가 있다. 그것은 한·일 양국의 경제 시스템이 상호 보완적인 면도 있지만 상호 경쟁적인 면도 있다는 것이다. 따라서 순수한 경제 논리로 보면 한·일 경제 공동체를 성립 시키는데 약간의 문제가 있는 것도 사실이다.

　경제 논리로만 본다면 양국의 협조가 불가능한 면도 있기 때문

아메요꼬 시장

이다. 따라서 단순한 경제 공동체 보다는 장기적으로 한·일 양국
은 한 나라로 통합되는 것이 바람직하다.

　일본 역시 세계 무대에서 혼자 싸우기는 역부족이다. 한국은 경
제적인 측면에서 일본이 필요하고 일본은 국가 장래와 정치적인
면에서 한국이 필요한 현실이다. 현재 일본의 처지로는 아무래도
미국과 대결하기는 좀 곤란하다. 그러나 일본과 한국이 연방 국가
로 통합되고 여기에 말레이시아, 태국, 인도네시아가 일본과 동맹
관계를 유지한다면 불가능한 일도 아니다. 일본 정도의 경제력을
갖춘 나라는 국제 무대에서 정치적인 파워가 없으면 그 경제력을
지키기 곤란하다. 개인도 어느 정도 재력을 갖추면 중앙의 권력자
들과 제휴하여야만 자신의 재산을 지킬 수 있듯이 일본도 이제 아
시아 국가들과 연대 할 필요가 있는 것이다.

　경제적인 면만 본다면 일본이 한국과 연방 국가를 이룰 이유가

없다. 한국과 일본이 통합되면 일본이 경제적으로 손해이기 때문이다. 따라서 한·일간의 경제 공동체 구성 보다는 각각의 나라에 적당한 자치권을 부여하는 연방 국가의 형성이 필요할 것 같다.

물론 한·일 연방제가 성공하기 위해서는 1인당 GNP가 일본의 1/4 수준인 한국의 GNP를 일본의 1/2 수준 정도까지는 끌어 올려야 한다. 그러나 이것은 한국 단독의 힘으로는 불가능하다. 한국의 낙후된 도로와 항만, 제조업 등을 개선하기 위해서는 많은 투자가 필요하며 일본이 이러한 문제를 어느 정도까지는 해결해 주어야 한다. 따라서 한·일 연방제를 성사시키기 위해서는 일본이 어느 정도 경제적인 부담을 해야 할 것으로 생각된다. 이때 일본의 입장에서 이것을 단순한 손해라고 생각해서는 안되며 일본이 세계 최강 대국이 되기 위한 투자로 생각하는 인식의 전환이 필요한 것이다.

일본이 한국에게 보는 경제적인 손해는 이 세계의 정치 외교적인 무대에서 충분히 보상 받을 수 있을 것이다.

일본이 진정한 신뢰와 양보의 기초 위에 한국을 포용할 수 있다면 동아시아에서 일본의 정치적인 지위는 상당히 강화될 것이며, 일본 제국주의의 최대 피해자인 한국과 가해자인 일본의 화해는 일본의 도덕성 시비에 종지부를 찍는 전환점이 될 것이다. 또 성공적인 한·일 연방의 탄생은 일본이 세계 무대에서 진정한 최 강대국이 되는 것을 의미하는 것이다.

또한 미국에게 'NO' 라고 말할 수 있는 일본이 될 수 있을 것이며 새로운 세계의 지도적인 국가가 될 수 있을 것이다. 미국이 유럽이나 하와이, 알래스카를 개발하기 위해 투자를 하는데 인색했다면 오늘날 미국이 가능했겠는가? 한 · 일 연방국이 순조롭게 성립되면 한국은 일본 대륙 진출의 교두보가 될 것이며 동시에 대륙 세력의 일본 공격을 막아주는 방파제가 될 것이다.

한국에 대한 일본의 투자는 한국과 일본이 결국 '한 · 일 연방제'란 하나의 나라가 되기 때문에 일본의 입장에서도 손해가 될 것은 없다.

일본인들은 자신들의 홋카이도나 오키나와를 개발한다는 정신으로 한국을 개발하고 한 · 일 연방제를 성사시켜야 한다.

한 · 일 연방제야말로 돈만 많은 일본을 세계 무대에서 정치 외교적인 대국으로 바꾸는 결정적인 전환점이 되기 때문이다.

한국 역시 국경 없는 무한 경쟁 시대인 세계 무역 기구(WTO) 시대에 혼자서 살아남기는 어려울 것 같다.

유럽은 유럽 공동체(EU), 미국은 북미 자유 무역 지대(NAFTA)라는 지역적 블록을 형성하고 있다. 이제 일본도 독불장군으로 이들과 대결해서 승리할 가능성은 없어졌다. 예전에는 일본이 독일, 미국 등과 같은 개별 국가와 경제적으로 대결하였지만 이제 일본의 상대는 EU, NAFTA 등으로 국가 집단인 것이다. 이러한 지역 경제주의 시대하에서 일본이 아시아에서 거점을 확보하고 아시아의 맹주가 되는데 실패한다면 일본의 앞날은 매우 험난할 것이다.

실제로 현재의 아시아에서 일본의 경제 및 군사적인 파트너로는 한국이 최상의 조건을 갖추고 있다. 한 · 일 연방국의 성립은 단기적으로는 일본 경제에 부담을 줄지 모르지만 장기적으로는 일본의 경제력, 군사력, 정치력을 강화시켜 줄 것이다. 현재의 세

계 정세하에서 한국이나 동남아의 지원 없이 일본 단독으로는 EU
나 NAFTA와 대결하여 승리할 가능성은 극히 희박하다.

일본이 아시아의 맹주가 되지 못한다면 일본은 세계 무대에서
영원한 골목 대장으로 남아야 할 것이다. 국력이 약한 한국도 사
정이 급하기는 일본과 마찬가지이다. 아니 오히려 한국의 사정이
일본보다 훨씬 더 급한 것 같다.

한·일 양국민이 상호 평등과 호혜의 정신으로 협력한다면
한·일 연방은 미국이나 유럽 공동체(EU)와 어깨를 겨룰 수 있는
당당한 세력으로 자리를 잡을 수 있을 것이다. 한·일 양국간에는
과거지사 문제, 상호 불신 등 제반 악조건이 있는 것도 사실이다.
그러나 이 세계에서 문화적으로나 의식주 등 생활 양식이 한·일
양국민 만큼 공통점이 많은 나라도 드물다.

한국이 지역적 경제 블록에 가담하려고 하거나 일본이 아시아
의 맹주가 되기 위해서는 한·일 양국의 협조는 필수적이며 한·
일 연방의 성립은 이 문제를 근본적으로 해결시켜 줄 것이다.

성공적 통일의 지름길 - 한·일 연방국

준비 안된 대책없는 남·북 통일이야말로 한반도에서 좌파, 우파의 사상적 대립으로 21세기 이 지구상에서 가장 참혹한 한국판 킬링필드가 될 수도 있다. 그러므로 한·일 연방국만이 성공적 통일의 유일한 해결책인 것이다. 왜냐하면 일본의 경제력은 한국정부의 통일비용을 상당부분 경감시킬 수 있기 때문이다.

한·일 연방국 설립 추진은 한국의 남북 통일에도 상당한 도움을 줄 것 같다. 현재 한국의 남북 통일에 가장 방해가 되는 나라는 어느 나라인가?

많은 사람들이 일본이라고 생각할지 모르지만 이것은 틀린 생각이다.

남북 통일이 되면 한국이 강해지고, 강한 통일 한국은 일본에게 부담이 될 것이라고 생각하지만 이것은 국제 정치의 역학 관계를 도외시한 사리에 어긋나는 생각이다.

한국이 통일되어도 통일 한국의 인구는 일본의 1/2이며 국가 GNP는 일본의 1/10정도 밖에 되지 않는다. 이러한 통일 한국이 일본에 경제적, 군사적으로 위협적일 수가 없는 것이다. 더구나 통일이 되면 한국은 대부분의 군사력을 두만강과 압록강 국경에 투입하여 소련과 중국에 대비해야 한다. 이러한 전략적 상황에서 한국이 일본 쪽에 투입할 수 있는 군사력은 10만 명을 넘어설 수 없는 것이다.

미국, 소련 다음가는 해군력을 갖추고 있으며 이지스급 구축함 (이지스:제우스 신이 그의 딸 아테네에게 주었다는, 어떤 공격 무기도 막아낼 수 있는 방패 아에게스 'Aeges'에서 유래된 말. 현재까지의 어떤 미사일이나 전투기도 막아낼 수 있는 최신예 전투함정이다. 실제로 이지스함 3척만 있으면 한국 해군 전체를 간단히 제압할 수 있을 것으로 생각된다.)을 6척이나 가진 일본이 연안 해군 수준의 통일 한국 해군을 두려워 할 이유가 없는 것이다

전술한 바와 같이 한국이 남북 통일이 되면 중국과 러시아와 국경을 접하게 된다. 이렇게 되면 한국은 북한보다 덜 호전적이지만 더 강한 군사력을 가진 국가와 국경을 접하게 되는 것이다. 이러한 국제 정세하에서 한국 단독으로는 이들과 군사적 균형을 유지하는 것이 불가능하기 때문에 한·미 상호 방위 조약은 통일 이후에도 계속 유지될 것이 거의 확실하다. 한국이 미국과 상호 방위 조약 체제에 있는 한 일본은 한국이 통일이 되어 국력이 더 강해져도 하등의 문제 될 것이 없는 것이다.

왜냐하면 미·일 상호 방위 조약과 한·미 상호 방위 조약은 결국 한국과 일본을 군사적으로 같은 편에 서게 되도록 만들어 정치적, 군사적으로 동맹국의 관계가 될 수 밖에 없기 때문이다.

결국 강력한 통일 한국은 일본에 대한 대륙 세력의 침입을 막아주는 방파제가 될 가능성이 크다. 미국의 입장에서도 통일 한국의

출현은 더 강한 우방의 출현을 의미하여 아무런 문제가 될 것이 없다. 러시아도 통일 한국의 군사적 위협을 걱정할 나라는 아니다. 한국은 러시아의 심장부인 모스크바 일대와 너무 멀리 떨어져 있고 러시아의 무력은 너무 강해서 한국은 고려 대상이 되지 못한다. 문제는 중국이다. 중국의 만주에는 조선족이 많이 살고 있고 통일 한국은 지리적으로 중국의 요충지인 만주의 측면을 위협할 수 있다. 한국은 지정학적으로 중국, 일본 양국가에 위협적인 위치를 차지하고 있기 때문이다. 또 장차 대만을 통일해야 하는 중국은 일단 유사시에 대만 해협에서 미국, 일본과 일전을 벌일 가능성도 있다. 이때 미·일 진영에 서 있는 강력한 통일 한국은 중국의 입장에서 걱정거리가 아닐 수 없다. 이러한 제반 조건 때문에 중국은 한반도 통일에 반대를 할 수 밖에 없는 것이다.

중국이 한반도 통일에 반대한다고 공식적으로 의사를 밝힌 적은 없지만 그들은 북한에 대하여 식량과 유류 등을 지원하여 북한의 붕괴를 막아주어 결과적으로 남북 분단을 고착화시키고 있다.

과거 6.25 동란시에도 남북 통일 직전에 중국은 엄청난 희생을 각오하고 대규모의 병력을 투입하여 한반도에서 격전을 벌인 적이 있었다.

중공군의 개입으로 한국 국군은 막대한 사상자를 냈고 우리는 통일을 바로 눈앞에 두고 좌절을 맛보아야 했다. 이것은 중국의 정책이 한반도의 분단 고착화란 것을 분명히 보여주는 증거인 것이다. 당시 중국의 개입이 없었다면 한반도는 이미 1951년 경에는 통일이 되었을 것이다. 6.25 참전으로 엄청난 희생을 치룬 경험이 있는 중국은 현재 한반도에서 전쟁을 바라지는 않는다. 그러나 문제는 중국은 한반도의 통일도 원하지 않는다는 것이다.

결론적으로 중국은 한반도의 전쟁도, 통일도 원하지 않고, 다만 현상 유지를 원하고 있을 뿐이다. 중국은 그들 자신은 대만을 인정하지 않고, 하나의 중국을 주장하지만 한반도에서는 철저히 두 개의 한국을 인정하는 모순된 입장을 유지하고 있다. 그러나 유감스럽게도 우리는 이러한 중국의 태도에 마땅히 대항할 수 있는 아무런 수단이 없다는 것이 문제인 것이다.

한국은 중국의 외교 정책에 대항은 커녕 오히려 대북 관계에서 중국의 협조를 구걸하는 저자세 외에는 달리 취할 자세가 없다는 것이 우리의 약점인 것이다. 탈북자 문제의 처리나 북한에 대한 햇볕 정책 때도 중국의 눈치를 보아야 하는 것이 우리의 현실이다.

분단 한국은 필연적으로 중국의 대등한 상대가 될 수 없고 중국 역시 우리를 대화의 상대로 인정해 주지도 않고 있다. 현재 상태에서 남·북한 긴장 완화를 위해서나 북한 핵문제의 해결을 위해서도 중국의 도움이 필요하기 때문에 우리는 중국에 대해서 굴욕적인 저자세 외교 정책을 펼 수 밖에 없다.

고려 시대 때부터 계속되어온 한국을 천시하는 중국의 외교 정책은 지금도 계속되고 있다.

주한 중국 대사는 한국 정부에 대하여 상당히 고압적인 자세를 취하여 마치 조선 시대의 청나라 칙사같은 오만불손한 행동을 하기도 하였다.

그러나 어느 날 갑자기 한반도가 통일되면 중국은 이 특권을 누릴 수가 없게 된다. 따라서 중국으로서는 현재의 남·북한 분단이 황금 분할이며 이 때문에 한반도의 통일에 반대하는 것이다.

현재 국제 정세하에서 우리가 남북 통일을 하려면 중국의 협조는 필수적이다. 중국이 적극적으로 우리를 도우면 통일은 상당히 앞당겨질 수 있다. 그러나 통일 한국의 출현을 바라지 않는 중국은 남·북한 사이에서 적당히 처신하면서 끝내 한국을 도와주지 않고 있다.

중국은 때로는 한국을, 때로는 북한을 번갈아 지지하여 결국 남·북한이 힘의 균형을 유지하도록 하여 통일을 불가능하게 하고 있는 것이다. 이러한 현실에서 우리가 통일을 추구하는 한 중국에 대해서 계속 저자세를 취할 수 밖에 없다.

현재로서는 우리가 이러한 굴욕 외교를 탈피할 마땅한 수단이 없기 때문이다.

결국 한반도에 대한 최대의 위협은 바로 중국이며, 이 문제는 한반도의 장래에 영원한 장애물로 작용할 것이다. 그러나 현 상황에서 한국이 남북 통일을 포기하고, 한·일 연방국을 추진하면 중국은 이 계획을 무산시키기 위해서라도 반드시 한국 정부에게 협상을 제의해 올 가능성이 크다. 그때 한국이 남북 통일을 선택하든, 한·일 연방을 선택하든 둘 중의 하나를 결정하면 된다. 또 일단 남북 통일을 이룩한 후에 한·일 연방을 구성한다면 더 이상적이다. 그렇지 않은 현재의 분단 한국의 국력으로는 중국에 흥정을 요구할 카드가 없는 것이다.

이 문제 외에도 한국 정부의 재력만으로는 그 막대한 통일 비용을 감당할 수 없다.

유럽 최고의 경제력을 자랑하던 서독 경제도 동·서독 통일 비용 때문에 10년이 지난 지금도 고전을 면치 못하고 있다. 하물며 IMF 관리 상태에 있는 취약한 한국의 입장에서 통일 비용을 부담할 수 없다는 것은 너무나 명약관화한 일이다.

현 상태에서 남북 통일이 되면 한국 경제는 그 엄청난 부담을 이기지 못하고 그대로 주저앉게 될지도 모른다. 그러나 한·일 연방국이 성립되면 통일 비용의 충격을 어느 정도 완화시킬 수 있을 것이다.

일본의 경제력은 한국 정부의 통일 비용을 상당부분 경감시킬 수 있기 때문이다. 일본과 한국의 연방국 설립은 일본에게는 정치 외교적인 이익을 안겨주고 한국에게는 구체적인 경제적 이익을 줄 수 있는 것이다.

한·일 연방국의 성공 조건

> 한·일 연방제의 성공여부는 궁극적으로 인권보장과 기회균등에 달려있다고 본다. 한·일 양국민들은 편협한 민족주의를 버리고 만민평등의 박애주의적 정신으로 상호 협조와 공존공영의 양식과 지성을 기르고 정치인들의 수준을 미국정치인 수준으로만 끌어올리면 되는 것이다.

한·일 연방국이 구성되면 몇가지 문제가 나타날 수도 있다. 첫째는 한민족과 일본민족간의 문화적 갈등 문제이며, 두 번째는 권력구조에 관한 문제이다.

즉 연방이 구성되면 남한인구 사천 오백만과 일본인구 일억 이천만이 한 나라로 합쳐진다.

이 상태에서 통일이 되면 북한인구 이천 오백만이 합쳐져 한·일 민족의 인구 비율이 비슷해지기 때문에 별 문제가 없지만 통일이 안된 상태에서는 한국이 소수민족이 되는 문제가 발생한다.

연방 내에서 소수민족이 되면 차별대우나 박해를 받을 가능성이 있기 때문이다. 그러나 이것은 실제로는 별 문제가 안될 것 같다.

소수민족이라고 하지만 몇 백만 명이 아닌 수천만 명이라는 대규모이기 때문에 차별대우는 힘들다. 그렇다고 해도 이 문제를 방지하는 제도적인 장치가 필요한 것은 사실이다. 소수민족의 피해를 방지하기 위해서는 미국식 연방제와 유럽 공동체(EU)를 절충한 형태의 연방제를 채택해야 한다.

미국의 경우 의회는 양원제로 되어있으며, 일반적인 기준과는 달리 하원(일반 보통 국민을 대표하는 의회)우월의 원칙이 지켜지지 않고 있다.

미국은 오히려 상원(국가 내의 특정집단을 대표하는 의회)우월의 법칙이 적용되고 있다.

미국의 상원은 각주(各州)의 이익을 대변하며, 하원은 일반 국민을 대표하고 있다.

미국은 건국 초에, 각각의 정부를 가지고 있던 여러 주들이 모여서 합중국(여러 나라가 합쳐져서 만든 국가)형태의 연방을 만들었기 때문에 각 주의 이익을 대변하는 상원의 권한이 일반 국민을 대표하는 하원의 권한보다 훨씬 더 커진 것이다. 따라서 행정은 물론이고 사법제도까지도 각 주에서 처리되는 경우가 많다. 연방법원은 연방에 관한 문제나 여러 주에 걸친 범죄인 FBI(미 연방수사국)담당사건 정도만 취급하고, 거의 대부분의 사건은 주 법원인 순회 재판소, 주 항소법원, 주 대법원에서 처리하게 되어 있다.

심지어 대통령 선거의 투·개표 문제로 소송이 벌어져도 주의 대표인 선거인단의 선출은 각 주 내부에서 결정할 문제라는 이유로 주 법원에서 심의가 되는 것이 보통이다.

미국은 연방 정부의 권리보다 각 주의 권리가 우선되는 권력구조를 갖고 있기 때문인 것이다. 이렇게 해야 인구가 많은 주와 인구가 적은 주가 비교적 공평하게 대우받을 수 있는 것이다.

또 유럽 공동체(EU)의 각국은 개별적인 군대와 경찰을 가진 상태에서 통합이 추진되고 있다. 한·일 두 나라가 연방을 형성하더라도 처음에는 독립된 군대와 사법제도를 갖는 유럽 공동체(EU)와 미국식 연방제의 중간 절충식인 낮은 단계의 연방제를 채택해야 한다.

그러다가 상호 신뢰를 구축하고 서로간에 공통의 문화를 가질 수 있게 되면 미국식 연방제를 도입할 수 있을 것이다. 미국식 연방을 형성하기 위해서는 한·일 두 민족간에 문화적인 공통점을 찾고, 동질성을 갖도록 노력해야 한다. 한·일 양국민은 상호존중의 입장에서 서로간의 문화를 이해하고 존중해 주어야 한다.

두 민족이 서로를 배우고 이해하는 과정에서 꼭 명심해야 할 원칙이 있다. 즉 특정 문제를 놓고 보았을 때, 어떤 면은 한국 문화가 우월하고 어떤 면은 일본 문화가 우월할 수 있을 것이다. 이때 한·일 두 민족은 서로 자신들만의 고유 문화를 주장해서는 곤란하다.

어느 민족의 문화인가를 따지기 이전에 어느 문화가 더 합리적인가를 따져야 하는 것이다.

정치적으로 보았을 때, 한국은 대통령이 거의 모든 권한을 갖고 국회를 좌지우지하고 있다. 그러나 일본은 수상이 모든 권한을 행사할 수는 없다.

산업정책을 수립할 때는 재벌들과 협의를 해야하고, 법안 하나를 통과시키려고 수상은 의원들을 설득하느라 진땀을 빼기도 한다. 의원들이 수상의 지시에 일사불란하게 따르지 않는 것을 보고 한국인들이 정치적 항명이라고 생각해서는 안 된다.

또 산업정책 수립 시에도 수상이 재벌 총수들과 상의하여 결정하는 것을 정경유착이나 재벌 특혜적인 시각에서 보면 곤란하다.

일본인들 역시 자신들의 단점을 시정하고 보다 나은 제도를 추구해야 한다. 그러나 이런 문제가 하루아침에 해결될 수는 없다. 따라서 연방제 초기에는 각 나라가 각자의 군대와 사법제도를 갖는 유럽 공동체(EU)같은 연방이 되었다가 상호 이해와 문화적 동질성이 확립되었을 때 미국식 연방제를 도입해야 한다.

가장 중요한 것은 연방제 초기에 경찰권과 군사력을 독자적으로 행사할 수 있어야 한다는 것이다. 이러한 모든 연구에도 불구하고 막상 연방제가 시행되면 많은 문제점이 노출될 수 있을 것이다. 그러나 한국이 한·일 경제 공동체나 한·일 연방제를 시행하지 않고, 현 상태를 유지한다면 더 많은 문제가 발생할 수 있다. 필연적으로 일부 급진파 인사들이 남·북 연방제를 주장할 것이다.

한·일 연방제가 문제는 있지만 일부 정치권에서 주장하는 남북 연방제 도입보다는 훨씬 더 안전한 정책이란 것을 명심해야 한다.

준비안된 대책없는 남북 연방제 도입은 한민족을 끝없는 좌·우익 사상 논쟁으로 몰고 가서 결과적으로 사회적 대혼란을 초래할 것이다.

이 사상적 갈등은 결국 한국전쟁을 능가하는 대학살을 초래할 가능성이 크다. 서로를 휴전선과 비무장 지대로 분리시켜 놓고, 중립국들이 감시를 해도 빈번한 무력충돌이 일어나는 현실에서 대책없는 남북한 연방제 시행은 대재앙을 초래할 것이다.

현실감각이 없는 일부 순진한 정치인들의 주장대로 남북 연방제를 한답시고 비무장 지대를 제거하고, 한 나라로 합치다가는 한반도는 순식간에 아수라장이 될 것이다. 좌·우익의 사상적 갈등으로 서로 죽고 죽이는 내란 상태로 가서 결국은 21세기 이 지구상에서 가장 참혹한 한국판 킬링필드(killing field)를 연출할 가능성이 크다.

지금도 민노총 등에서 시위를 하다가 경찰과 충돌하면 전쟁터를 방불케 하는 사태가 벌어지는데, 여기에 북한의 공산주의자들이 가세한다면 결과는 말할 것도 없는 것이다. 이런 위험성에도 불구하고 이상주의에 중독 되어 있는 우리 사회 내부의 순진한 진보주의자들은 남북 연방제를 주장하고 있다.

우리가 만약 남북 연방제와 한·일 연방제 중에 양자 택일을 해야 한다면 당연히 한·일 연방제를 선택해야 할 것이다. 물론 한·일 연방제에도 민족적 갈등 문제가 도사리고 있다. 이런 문제를 예방하기 위해서 처음에는 유럽 공동체(EU)처럼 독립된 군대와 사법제도를 가지고 시작해야 되는 것이다. 이렇게 시작을 해서 원만하게 한·일 민족 화합이 이루어지고 상호이해가 되면 미국식 연방제로 이행할 수 있는 것이다. 그리고 한·일 연방제의 성공을 결정짓는 가장 근본적인 관건은 인권이 확실히 보장되는지의 여부에 달려 있다.

한·일 연방제 체제하에서 인권만 확실히 보장된다면 일본인이든 한국인이든 간에 문제가 될 것이 없는 것이다. 공정한 기회와 공정한 법 집행은 다민족 국가의 체제 유지의 원동력이기 때문이다. 구 소련은 여러 국가로 분할되었고, 미국이 그렇지 않은 것은 인권 문제 때문인 것이다.

미국은 영국계, 독일계, 프랑스계, 이태리계 등 백인과 흑인, 히스패닉(Hispanic)등이 뒤섞여 있지만 어떤 민족도 독립을 주장하지는 않는다. 자유경쟁과 기회균등은 인종적 차별과 빈부격차에도 불구하고 미국을 하나의 국가로 단단히 결속시켜 놓고 있다. 인권보장은 평등과 기회균등으로 이어져 소수민족의 불평과 빈부격차의 문제를 해결하는 근본적인 해결책이 되었던 것이다.

한·일 연방제의 성공여부는 궁극적으로 인권보장과 기회균등에 달려 있다고 본다. 한·일 양국민이 편협한 민족주의를 버리고 박애주의적 정신으로 상호 인권을 존중하고 공정한 기회를 보장할 수 있는 양식을 지닌 민족이라면 한·일 연방제는 성공을 거둘 수 있을 것이다. 그렇지 못하고 한·일 양국민이 각자의 이익만 추구하는 편협한 민족이라면 한·일 연방제는 서로 차별하고 멸시하다가 결국에는 분열되는 실패로 끝나고 말 것이다.

따라서 한·일 연방제를 성공시키기 위해서는 한·일 양국민의 지성을 함양 시키고 정치인들의 수준을 미국 정치인들 수준 정도로만 향상시키면 반드시 성공할 것으로 본다.

2

21세기 한반도의 생존 전략

• 미국의 더 없이 좋은 사냥감 - 동아시아
• 아시아인들의 단결을 방해하는 쓸모없는 APEC
• 동남아시아의 외환위기는 곧 일본과 아시아의 몰락이다

미국의 더없이 좋은 사냥감 – 동아시아

> **“**
> 유럽은 유럽공동체(EU)의 출현으로 정복이 불가능하고 남미
> 는 이미 정복했으며 아프리카는 옛날에 착취할 대로 착취해 먹었
> 기 때문에 이제는 오히려 보태주어야 할 형편이다. 그렇다고 러
> 시아나 중국을 상대로 외환투기를 하다가는 돈을 떼일 염려가 있
> 기때문에 미국의 가장 좋은 사냥감은 적당한 경제력에 취약한 국
> 력을 가진 나라들의 집단인 동아시아가 될 수밖에 없었다.
> **”**

우리 인류는 2차 세계대전 이후 소련과 미국을 축으로 하는 동·서간의 이념 분쟁, 즉 냉전에 휘말리게 되었다. 치열한 투쟁 끝에 공산주의 국가는 몰락하고 소련은 해체되어 미국의 승리로 이 분쟁은 막을 내렸다.

그러나 이 지구상에서 이념 논쟁은 끝이 났지만 우리 인류는 새로운 대결 양상인 경제 전쟁이라는 시대에 돌입하였다.

동·서 냉전의 종말과 공산 체제의 붕괴는 우리에게 화해와 행복을 가져다 줄 것으로 기대되었지만, 결과는 꼭 그렇지만은 않았다.

동·서 냉전의 종말은 경제 전쟁이라는 더 차갑고 냉정한 전쟁의 시작을 의미했으며 이 전쟁은 야외에서 벌어지는 재래식 전쟁

과 달리 세계 무역 기구(WTO), 우루과이 라운드 등과 같은 국제 회의장에서 벌어졌다.

전 세계 인류의 생활에 직접적인 영향을 미치는 진정한 의미의 세계 대전인 이 전쟁의 주역은 미국이었다.

미국은 얼마 전까지는 소련이라는 적과 싸우기에 바빠서 경제 전쟁에 전념할 수 없었지만 이제는 사정이 달라진 것이다.

소련을 격파한 미국은 이 지구상에서 유일한 초 강대국이 되었으며, 문자 그대로 천하무적이 되었다. 이제는 어떤 나라도 미국과 맞서 싸울 수 없게 된 것이다.

소련이라는 적이 없어진 미국은 이제 국가 전체의 힘을 경제전에 투입할 수 있게 되었다. 남미 제국은 원래부터 미국의 경제 식민지였다. 따라서 미국 주도의 경제 전쟁은 남미 국가들을 다시 위축시켰다.

인접한 멕시코는 첫번째 희생물이 되었다. IMF 관리 체제에 편입되고 미국에 가서 달러를 빌려오고 허둥대다가 나라 형편은 말이 아니게 되었다.

외환 관리에 실패한 멕시코는 엄청난 대가를 치르고 겨우 입에 풀칠은 할 수 있게 되었다. 그러나 멕시코는 미국의 이익과 밀접한 관계가 있기 때문에 미국도 멕시코를 어느 정도는 돕지 않을 수 없었다. 남미를 제패한 미국의 다음 목표는 어디가 될 것인가? 마음 같아서는 유럽을 붕괴시키고 독일이나 프랑스를 IMF 관리 체제하에 두면 좋겠지만 유럽이라는 곳이 그렇게 만만한 지역이 아니다. 이들은 2차 대전이 끝난 후 동서 냉전 체제하에서 소련의 군사적 위협과 미국의 경제적 위협에 대응하기 위해 일찌 감치 유럽 공동체(E.U)란 것을 만들어 두었다.

유럽공동체 마크

한국의 대학생들이 실속 없이 요란한 반미 데모를 할 때, 유럽은 조용히 미국의 경제적 위협과 소련의 군사적 위협에 대비하고 있었던 것이다. 그들은 때로는 미국에 이용당하기도 하고 때로는 미국을 이용하기도 하면서 꾸준히 준비를 하고 있었다.

물론 일본도 예외는 아니었다. 일본은 군사적으로는 미국에 의지하면서 나름대로 경제적으로는 독립을 준비하고 있었던 것이다. 독일, 프랑스, 영국, 이태리 등의 국가들은 자신들 단독으로는 미국의 적수가 되지 못한다는 것을 너무도 잘 알고 있었기에 그들은 유럽의 거의 모든 나라를 포함한 유럽 공동체(E.U)를 탄생시킨 것이었다.

유럽 공동체 탄생의 근본 원인은 유럽 각국이 미국의 경제적 위협과 소련의 군사적 위협에 대항하기 위해서였다. 아무리 미국이라 해도 세계 선진국 20개국 중 15개국이 모여 있는 유럽 공동체를 상대로 싸울 수는 없었다.

프랑스나 독일, 한 나라 정도라면 환투기나 투자 자본 등으로 외환 부족 사태를 야기시킬 수 있지만, 유럽 공동체(E.U)의 출현으로 이것은 불가능해진 것이다.

유럽은 유럽공동체(E.U.)의 출현으로 정복이 불가능하고 남미는 이미 정복했으며, 아프리카는 옛날에 착취할 대로 착취해 먹었기 때문에 이제는 오히려 보태주어야 할 형편이다. 그렇다고 러시아나 중국을 상대로 외환 투기를 하다가는 돈을 떼일 염려도 있었다. 이런 대국들은 어느 정도 자급자족이 되고 막강한 군사력을 갖추고 있기 때문에 궁지에 몰리면 모라토리움(지불유예)을 선언할 가능성이 있기 때문이다.

　국가가 작아서 자급 자족이 안 되는 한국같은 나라는 모라토리움을 선언했다가는 세계시장에서 경제적으로 고립되어 국가 경영 자체가 안 되는 골치 아픈 문제가 발생하지만, 소련이나 중국같은 나라는 이러한 문제를 어느 정도는 극복할 수 있는 것이다.

　즉, 힘이 약한 한국같은 나라는 안 주면 빼앗아 올 수 있지만 소련이나 중국같은 나라에 가서는 그런 짓을 할 수가 없기 때문에 미국의 가장 좋은 목표는 적당한 경제력에 취약한 국력을 가진 나라들의 집단인 동아시아가 될 수 밖에 없었다.

　이들 동아시아 국가들은 러시아나 중국처럼 강하지도 못하고 유럽처럼 단일 공동체로 단결도 되어 있지 못하기 때문에 가장 손쉽게 요리할 수 있기 때문이고, 동아시아는 남미나 아프리카와는 달리 빼앗아 갈 돈도 가지고 있다는 것이 금상첨화인 것이다. 그리고 더욱 중요한 것은 동아시아의 국가 지도자들이 경제나 정치 문제에 대해서 유럽의 지도자들 보다는 좀 어리석다는 이점도 가지고 있었다. 그 뿐인가? 노조나 시민 단체 그리고 전체 국민들은 자신들 국가의 기업이나 경영인에 대해서 엄청난 적개심도 가지고 있는 형편이었다.

일본을 제외하고 한국을 포함한 동아시아 국가에서는 빈부 갈등이 상당히 심한 것이 현실이다. 동아시아 국가들은 국가적으로 분열되어 있었고, 또 그들 국가는 내부적으로 자본가와 일반 시민들도 분열되어 있었기 때문에 더없이 좋은 사냥감이었다.

그러나 미국이 동아시아 국가들을 사냥하는 데에도 장애물은 있었다. 그것은 바로 경제 대국 일본과 군사 대국 중국이었다. 미국의 입장에서는 어떻게 해서라도 이 두 나라가 다른 아시아 국가들과 단결하는 것을 막아야 했다. 그리고 가능하면 이 두 나라를 무력화 시키면 최상이고, 화교 자본의 총 본부인 중국은 공산 국가였기 때문에 비공산권인 동아시아 국가들과의 단결에는 한계가 있었다.

그러나 일본은 달랐다. 그들은 자신들의 경제력을 배경으로 엔(YEN)화를 앞세워 동남아 시장을 장악하였으며, 동남아 국가들에 대해서 어느 정도는 영향력을 가지고 있었다. 그러나 동아시아는 엔 경제권으로 통합되어 있지 않았기 때문에 오히려 정치적으로는 미국의 영향력이 강하게 작용하고 있었다. 설상가상으로 아시아를 위한 것인지, 아시아에서 미국의 이익을 위한 것인지 그 목적이 애매모호한 아시아 태평양 경제 협력체(APEC)란 괴물이 아시아인들의 단결을 방해하고 있었다.

한국의 지도자들이 아태 경제 협력체(APEC)에 참석하여 실속 없는 세계화를 부르짖고 있을 때 미국은 APEC을 이용하여 아시아에서 미국의 이익을 충실히 지켜 나갔다. 한국은 APEC에 참여하여 내실 없는 세계화를 추진하다가 결국 IMF 관리 체제로 결말이 나고 말았다.

아시아인들의 단결을 방해하는 쓸모없는 APEC

"

아시아인들끼리 단결을 하면 곤란한 미국은 캐나다. 호주까지 거느리고 아시아태평양기구인 APEC의 구성요소를 복잡하게 만들어 이 단체의 성격이 반미국적인 성격을 띄지 못하도록 처음부터 원천 봉쇄한 것이다.

"

아시아 태평양 지역의 18개 국가로 구성된 아태 경제 협력체(APEC)는 실로 그 구성이 복잡하기 짝이 없고 설립 목적도 애매모호하다.

아시아 국가 중 유일하게 G-7 회원국인 일본과 경제 후진국인 동남아 국가와 신흥 공업국인 한국, 거기다가 아시아 태평양 국가인지 유럽 국가인지 구분이 안 되는 미국, 캐나다, 호주, 뉴질랜드까지 포함 되어 그 구성이 너무 복잡해지고 말았다. 설상가상으로 공산주의 국가인 중국까지 포함되어 APEC은 회원국들 상호간에 단결이 될 수 없는 구조를 가지게 되었다.

APEC은 선진국과 후진국 자유 경제 체제와 공산주의 국가, 백인과 아시아 인종이 뒤섞여 도무지 무엇을 위한 집단인지 알 수가 없게 된 것이다. 미국, 캐나다, 호주, 뉴질랜드 같은 유럽풍의 선진국들과 인도네시아, 태국, 필리핀 같은 아시아적 후진국들이 모여서 공통의 목표를 찾아내고 단결을 이룩한다는 것은 처음부터 불가능한 일이었다. 일본과 미국은 서로간의 경제적 이익으로 대립하고 있으며 공산국가인 중국과 세계 민주주의의 수호자라고 자처하는 미국과의 관계도 껄끄럽기 짝이 없다. 게다가 선진국과 후진국이 경제적으로 공통의 목표를 찾는다는 것은 가해자와 피해자가 사이좋게 지내는 만큼이나 어려운 것이 엄연한 현실이다.

결론적으로 APEC은 아시아인들이 단결하여 미국에 대항하지 못하도록 그 구성 요소를 복잡하게 만든 미국의 작품인 것이다.

아시아인들끼리 단결을 하면 곤란한 미국은 캐나다, 호주까지 거느리고 아시아 태평양 기구인 APEC에 가입하여 이 단체의 성격이 반미국적인 성격을 띄지 못하도록 처음부터 원천봉쇄 한 것이었다. 이렇게 되자 자연히 미국은 APEC의 주도권을 쥐고 APEC을 좌지우지 하면서 아시아인들끼리 단결하는 것을 완벽하게 막아 버렸다. 그리고 난 후 동아시아 국가들을 차례 차례로 손을 보기 시작했다.

첫번째 희생양은 태국이었다.

태국이 첫번째로 외환 투기꾼들의 희생국이 된 이유는 태국이 자신의 국력에 비해서 무리하게 금융 및 외환 거래의 규제를 철폐하고 세계화에 발 맞춘 대가였다.

태국인들은 그들 나라에 공장과 호텔을 짓기 위해 들어온 일본계 자금과 주식 투기와 외환 투기를 목적으로 들어온 미국계 자본을 구별해서 관리할 수 없었다. 그 이유는 외환 및 자본 거래를 완전히 자유화 했기 때문이며 또 국가별로 차별 대우를 하다가는 WTO 체제에 위배되기 때문에 법적으로도 불가능했기 때문이었다. 1995년 경상 수지 적자가 1백 36억 달러, 1996년에는 경상수지 적자가 1백 47억 달러에 달하고 외채가 900억 불을 넘어서자 태국의 국가 신인도는 급격히 하향 조정되었다. 이때부터 미국계 투기성 자금은 썰물처럼 빠져 나갔고 태국은 외환 위기에 직면하게 된 것이다.

결국 태국은 IMF 관리 체제에 들어가게 되었고, 구조 조정이다 뭐다 하면서 실업자는 기하급수적으로 늘어만 갔다.

IMF는 태국에 대해서 긴축을 요구하였고, 이 과정에서 태국의 기업들은 부도가 나기 시작했다. 이들 기업에 대출해 준 태국 은행들은 당연히 대출금을 회수하지 못하여 금융 기관의 부실로 이어졌다. 금융 기관의 부실은 전체 국가 산업의 파멸을 의미했다.

태국에서 일어난 외환 위기는 인도네시아로 옮겨 갔다. 인도네시아 역시 사정은 태국과 똑같았다. 뒤이어 외환 위기라는 태풍은 곧바로 한국으로 상륙했고, 다시 말레이시아를 강타했다.

동아시아에서 외환 위기가 발생하자 동아시아의 주식이나 채권에 투자한 투기성 자금인 미국의 자본은 발 빠르게 철수를 했지만, 일본계 자금은 그렇게 할 수가 없었다.

일본계 자본은 주로 공장과 호텔을 세우는데 사용되었기 때문에 주식과 채권에 투자한 미국계 자본과는 달리 재빨리 회수할 수는 없었기 때문이었다. 제조업에서는 승승장구했던 일본이 동남아 외환 위기 사태라는 투기장에서는 미국에게 판정패를 당하는 순간이었다.

　태국, 인도네시아, 한국, 말레이시아를 휩쓴 외환 위기 사태에서 미국은 경제적으로 일본을 완전히 눌렀다.

　동아시아 국가들이 외환 위기에 빠지자 IMF의 발언권은 강화되었고, IMF의 발언권이 강화되자 이제 동남아는 미국의 세상이 되었다. 왜냐하면 미국은 IMF 총 자본금의 15%를 출자하여 IMF는 사실상 미국의 지배하에 있기 때문에 IMF의 발언권 강화는 곧 미국의 발언권 강화를 의미했기 때문이었다.

　즉, 동남아의 여러 나라들이 IMF 관리 체제에 들어 갔다는 것은 이 나라들이 미국의 경제 식민지가 되었다는 의미인 것이다. 따라서 IMF 관리 체제에 들어간 나라에서는 일본의 영향력은 쇠퇴하고 미국의 입김이 급속히 강해지는 것이다.

　APEC 정상 회담 때 동아시아 국가 정상들에게 그토록 다정했던 미국의 클린턴 대통령은 동아시아 국가들의 외환 위기 때는 놀랄 정도로 냉정한 모습을 보여 주었다.

　APEC 회의 때 김영삼 대통령과 클린턴 대통령이 찍은 다정한 모습의 사진은 현실적으로 아무 소용이 없는 흘러간 과거의 아름다운 추억에 불과했다.

아시아 태평양 경제 협력체(APEC)가 한국과 동아사아의 외환 위기에 어떤 도움을 주었는가? 아시아 태평양 국가들의 진정한 친구라고 입버릇처럼 말하던 미국은 그때 무엇을 하고 있었는가? 미국이 부르짖은 위대한 태평양 시대란 것이 고작 아시아의 외환 위기 시대를 의미하는가?

결국 그 다정한 APEC은 동남아와 한국의 외환 위기시에 아무 쓸모 없는 친목 단체란 것이 입증되었다. 한국의 대통령들이 그토록 중요하게 생각했던 APEC이 동네 반상회만도 못하다는 것이 한국의 외환 위기시에 분명하게 드러난 것이었다.

한가지 분명한 사실은 동서냉전이 계속 되었다면 한국은 결코 IMF 사태에 직면하지 않았을 것이다. 소련이 건재하고 미·소간의 대결이 계속되었다면 반공의 최전선에 서 있는 한국을 미국은 결코 외면하지 않았을 것이다. 이것은 미국이 한국의 군사 동맹국이지 경제 동맹국은 아니었기 때문이었다.

군사적 위협에 대해서는 한·미 양국의 공동대처가 가능했지만 경제 문제에 있어서는 그럴 수가 없었던 것이다.

미국의 목적에 부합되도록 구성된 APEC은 동남아 국가의 외환 위기 때 수수방관으로 일관했다.

동남아 외환 위기 때 일본은 외환 위기 국가를 경제적으로 원조하여 자신들의 영역 확대를 시도했지만 일본의 이런 시도는 미국의 간섭으로 실현될 수 없었다.

동남아시아의 외환위기는
곧 일본과 아시아의 몰락이다

> **"**
> 동아시아의 IMF사태를 계기로 미국은 중국의 군사적 위협과
> 일본의 경제적 위험을 일거에 해결했던 것이다. 동남아 외환위기
> 는 결국 일본과 아시아 전체 국가의 몰락을 예고하는 신호탄인
> 것이다.
> **"**

동남아 외환 위기는 한국의 외환 위기로 이어졌고, 다시 일본 경제를 강타했다. 결국 동남아 외환 위기는 동남아에 대한 최대 투자국인 일본의 위기를 의미했던 것이다.

일본인들이 건설한 호텔, 공장은 부도가 나거나 저가에 미국 투기 자본에 넘어갔으며, 그 여파로 불황에 시달리던 일본 경제는 더욱 상황이 나빠져 엔(YEN)화의 가치는 폭락하기 시작했다.

세계 최고의 무역 흑자국이며 세계 최대의 외환 보유고를 자랑하던 일본의 위상이 흔들리기 시작했던 것이다.

무역 적자와 재정 적자라는 쌍둥이 적자에 시달리고 있는 미국의 달러화 가치는 상승하고, 세계 최고의 무역 흑자와 외환 보유

고를 자랑하는 일본의 엔화 가치가 폭락하는 희한한 현상이 벌어진 것이다.

일본이 투자한 동남아 경제의 추락은 일본 투자자의 손해로 이어졌으며, 이것은 미국계 투기 자본가들에게는 절호의 기회가 되었다.

동남아 국가의 부동산, 주식 가격의 하락은 기존 일본 투자자들의 투자 금액을 반으로 줄여 놓았다. 거기에 더하여 달러화의 가치는 두 배 가까이 상승하여 미국계 투기 자본은 동남아의 부동산이나 주식을 외환 위기 이전 가격의 4분의 1이라는 저렴한 가격으로 구입할 수 있게 되었다.

외환 부족으로 국가 부도 위기에 시달리던 동남아 각국 정부들은 달러 유치를 위해 미국계 투기 자본을 무차별적으로 받아들였다. 더구나 다급한 상황이었기 때문에 동남아 각국은 이들 투기꾼들에게 각종 혜택도 부여하였다. 결국 미국계 투기꾼들은 동남아 정부의 온갖 특혜 속에 형편없는 저가로 동남아 국가 재산을 싹쓸이하기 시작했다.

이 과정에서 한국을 비롯한 동아시아 각국의 국부는 고스란히 외국인 손에 넘어갔고, 이 문제는 그 해당 국가의 장래에 두고 두고 문제가 될 화근이 되었다. 그 이유는 외환 위기를 당하여 IMF 관리 체제에 들어간 나라들은 외환 위기를 극복하는 과정에서 그 나라의 기업과 부동산의 상당수가 외국인 소유가 되기 때문이다.

따라서 훗날 한국같은 나라들이 IMF 위기를 극복해도 그 때는 이미 한국 기업의 소유권이 외국인 소유가 된 이후인 것이다. 결국 한국 경제가 회복되고 기업들이 호황을 누려도 그 혜택은 한국 국민이 누리는 것이 아니라 한국 기업의 소유주인 외국인들이 누리게 되는 것이다. 이것은 구조적인 문제로써 한국의 장래에 지극히 부정적인 영향을 미치게 될 것이다.

이 효과는 지금 당장 다음과 같은 현실로 나타나고 있다.

IMF 사태에 직면하여 한국의 부동산 가격은 폭락하였다. 그 후 한국에서 외환 위기가 진정된 후에도 부동산 가격은 계속 바닥을 헤매고 있다. 옛날 같으면 벌써 회복되었어야 할 한국의 부동산 가격이 아직도 약세를 면치 못하고 있는 것이다. 이것은 한국의 국부 중 상당 부분이 외국인 손에 넘어가서 이제 한국인들은 부동산을 취득할 돈이 없기 때문에 일어나는 현상인 것이다.

필리핀 같은 나라들은 수십 년간 IMF 관리 체제에 있었기 때문에 부동산 가격이 형편 없는 수준으로 폭락하여 한국인이 서울의 고급 아파트 한 채를 팔아 필리핀에 가면 대저택이 딸린 농장을 사서 필리핀인들을 하인으로 거느리고 귀족처럼 살 수 있게 되었다. 한국도 이런 식으로 한 십년이 흐르면 필리핀과 같은 현상이 벌어지지 않으리라고 단언할 수 없다.

한 국가가 IMF 관리 체제에 들어가면 그 나라의 부동산, 주식 가격은 엉망이 되고 근로자들은 기업들의 구조 조정 때문에 실업자가 되거나 저임금에 허덕이게 된다. 바로 이러한 이유 때문에 일단 IMF 관리 체제에 들어간 대부분의 나라들은 빈곤 상태에서 거의 탈출하지 못하는 것이다.

이 지구상에서 IMF 관리 체제에 들어갔다가 이를 성공적으로 극복하고 다시 선진국에 진입한 나라들은 영국 등 극소수의 나라들 뿐이다. 영국같은 나라가 다시 선진국이 될 수 있었던 것은 영

후지산과 신간센

국의 경제 구조가 원래부터 탄탄했기 때문이지 IMF의 덕택은 결코 아니었다.

개발 도상국 중에서 IMF 관리를 받은 나라치고 선진국 진입에 성공한 나라는 이제까지 이 지구상에 한 나라도 없었다.

결국 한국같은 신흥 공업국이 일단 IMF 관리 체제에 들어간 이상 선진국 진입은 거의 불가능하다고 봐야 한다. 한국이 다시 일어서서 선진국 진입에 성공한다면 이것은 세계 역사상 유례가 없는 거의 기적에 가까운 일이 될 것이다. 따라서 동남아 외환 위기는 한국과 동남아 각국의 장래에 치명적인 타격을 주어 동남아 국가들을 영원히 선진국이 되지 못하도록 만들 가능성이 크다. 그리고 그 여파는 동남아와 한국에 투자를 하고 있는 일본의 경제에도 심각한 타격을 줄 것이다.

동남아 외환 위기는 동남아에 기반을 두고 있던 화교들에게도 결정적인 타격을 주어 중국 경제의 앞날에도 지극히 어두운 그림자를 던졌다. 동남아 외환 위기로 일본과 중국의 영향력은 급격히 감소되고 IMF의 발언권이 강화되었다. 그에 따라 동아시아에서 미국의 위상은 상승하였다. 동남아와 한국의 외환 위기는 일본과 중국 경제에 타격을 주어 미국은 골치 아픈 경쟁자인 중국과 일본을 손쉽게 제압할 수 있었다. 동아시아의 IMF사태를 계기로 미국은 중국의 군사적 위협과 일본의 경제적 위협을 일거에 해결했던 것이다. 동남아 외환 위기는 결국 아시아 전체 국가의 몰락을 예고하는 신호탄인 것이다.

아시아 경제가 붕괴해도 상대적으로 피해가 적은 미국은 아시아 외환 위기를 조기에 진압하지 않았다. 미국은 사태를 조기에 진압하지 않았을 뿐만 아니라 오히려 사태를 증폭시켜 IMF가 개입할 소지를 조장하는 듯한 정책을 보여 주었다. 미국의 이러한 태도에 일본은 분개하여 IMF에 대신하여 아시아 통화 기금인 AMF 창설을 주장하기 시작했다. AMF 창설을 주장한 일본의 근본 의도는 아시아 경제의 주도권은 아시아인들이 행사하겠다는 뜻이었다.

그러나 미국은 아시아 통화 기금 창설을 적극적으로 방해 하면서 일본의 의도를 무산 시키는 정책을 펴 나갔다. 일본은 미국의 직접적인 압력을 받았고, 일본은 이 압력을 견디어 내지 못하여 결국 아시아 통화 기금(AMF)창설을 포기하고 말았던 것이다.

3

이것이 IMF의 실체이다

- IMF에서 선수인 동시에 심판인 미국
- 돌팔이 의사 – IMF
- IMF는 한국의 외환위기를 극복한 것이 아니라
  나라의 주인을 바꾼 것이다
- 빈부 격차를 부추기는 IMF
- 동서 냉전체제의 붕괴 – 한국 IMF 사태에 빠지다
- 신용없는 신용평가회사 – 무디스와 스탠더드 앤 푸어스

IMF에서 선수인 동시에 심판인 미국

"

IMF에서 거부권을 행사할 수 있는 나라는 유일하게 미국뿐이다. 게다가 미국과 유럽국가들이 합의하여 세계은행총재는 미국인이 맡고 IMF총재는 유럽인이 차지한다는 것을 불문율로 정했다는 것이다. 즉 유럽과 미국이 세계 양대 국제 금융기관을 서로 갈라먹기로 합의했다는 것이다.

"

국제 통화 기금(international monetary fund)은 외환 위기가 도래한 국가에 돈을 빌려주어 국가 부도를 막아주는 국제적인 금융 기구다.

이 기구의 표결은 U.N과 달리 참가 국가가 1표씩 행사하는 것이 아니라 출자금의 비율에 따라서 행사하게 되어있다.

즉, 주식 회사의 주주 총회와 같은 표결 방식인 것이다. 미국은 전체 지분 중 15%를 출자하였기 때문에 15%의 표결권을 가지고 있다. 단순 계산에 의하면 미국의 출자금이 전체 자본금의 50% 미만이기 때문에 미국의 의지대로 IMF를 운영할 수는 없는 것 같다. 그러나 IMF 정관에는 15% 이상이 반대하면 안건이 부결되게 되어 있다. 즉 미국의 지분이 15%라는 것은 미국이 IMF에서 거

IMF 청사

부권을 가지고 있다는 것을 의미한다.

　IMF는 2차 대전 직후인 미국의 전성기에 만들어진 기구이기 때문에 일본의 출자금은 미국보다 형편없이 낮은 지분으로 되어 있다. 그 이유는 IMF가 창설되던 당시에는 세계 경제시장에서 일본이 차지하고 있던 비중은 하잘 것 없었기 때문이었다.

　IMF는 2차 대전 직후에 창설되었기 때문에 당시에 부국이었던 사우디아라비아같은 나라는 현재 실정에 비해서는 부적절할 정도로 큰 발언권을 보유하고 있다. 지금의 사우디아라비아는 일본은 커녕 한국의 경제력에도 미치지 못하지만 IMF에서의 발언권은 한국과는 비교도 되지 않을 만큼 강한 것이다.

　일본은 현실과 동떨어진 이러한 제도에 반대하면서 지금의 자신들의 경제력에 걸맞게 IMF에 더 출자하겠다고 나섰지만 미국이 거부권을 행사할 것이라는 태도를 보여 무산되었다. 미국을 제외한 어떤 나라의 지분율도 15%가 안 되는 상태에서 미국의 지분율이 15%라는 것은 미국은 IMF에서 거부권을 가진 유일한 국가라는 의미인 것이다.

　미국이 좌지우지한다는 비난을 받고 있는 유엔 안보리에서도 거부권을 가진 나라는 다섯 나라(미.영.불.소.중)나 되지만 IMF에서 거부권을 가진 나라는 미국 뿐이다. 따라서 IMF는 미국의 독무대가 되고 말았다. 그러나 실제로 미국이 IMF에서 거부권을 행사한 예는 없었다. 그 이유는 어떤 안건이 토의될 때, 미국이 표결에서 그 안건에 대해 거부권을 행사하겠다는 의사를 표명하기만 해도 그 안건은 실현 불가능한 안건이 되기 때문에 그 안건을 제의한 국가에서 자진하여 철회했기 때문이었다. 결국 IMF에서 미국이 반대하는 일은 성사될 수 없는 것이다. 일본은 IMF에서 미국의 독주를 보다 못해 아시아 통화 기금(Asian Monetary Fund)설립을 추진했지만 미국의 압력으로 포기해야 했다.

　미국은 독점적인 지위를 이용하여 제멋대로 IMF를 운영하게 되었고, 더욱 가관인 것은 미국과 유럽 국가들이 합의하여 세계 은행 총재는 미국인이 맡고, IMF 총재는 유럽인이 차지한다는 것을 불문율로 정했다는 것이다. 즉 유럽과 미국이 세계 양대 국제 금융 기관을 서로 갈라먹기로 합의했다는 것이다.

　따라서 이 세계에서는 미국인이나 유럽인이 아니면 아무리 능력이 있어도 IMF나 세계 은행 총재는 꿈도 꿀 수 없는 것이 엄연한 현실인 것이다.

　새로운 밀레니엄 시대의 시작인 2000년 5월 2일에도 구태의연한 방식대로 독일의 호르스트 쾰러 전 유럽 부흥 개발 은행(EBRD) 총재가 IMF 총재로 선출되었다. '미스터 엔'이란 별명을 가진 일본 통화 관리의 전설적인 인물인 사카키바라(전 일본

대장성 재무관, 차관급)도 출마했지만 상대도 되지 않았었다. 사카키바라 역시 총재에 선출될 가능성이 있다고 판단하여 입후보한 것은 아니었다고 스스로 이야기했다.

그는 단지 IMF 총재 선출 방식의 모순을 지적하고 IMF의 운영방법을 개혁할 목적으로 출마했던 것이었다. 즉 그는 유럽인이 아니라도 IMF 총재에 출마할 수 있다는 것을 보여주기 위해 낙선할 것을 뻔히 알면서 출마하였던 것이다. 이 투표에서 한국은 일본의 사카키바라를 지지했지만 IMF 총재 선출 방식의 문제점 때문에 한국의 지지는 표로 연결되지도 못하여 아무 의미가 없었다.

IMF와 세계은행은 이 세계의 중앙은행에 해당되는 중요한 금융기구이다. 이러한 현실에서 이 양대기구의 총재를 유럽과 미국이 독점한다는 것은 합리적이라고 볼 수 없다.

유럽에서 단일 후보를 추천하면 무조건 총재가 되는 현재의 IMF총재 선출 방식은 반드시 개선 되어야 한다. 이것은 아시아와 아프리카인에 대한 모독이며 사리에도 맞지 않는다. 일본보다 경제력이 월등히 뒤떨어지는 프랑스나 독일은 IMF 총재를 배출할 수 있고 일본은 IMF 총재를 꿈도 꿀 수 없다는 것은 현실을 무시한 불합리한 처사인 것이다. 어떻게 합리주의와 경영의 투명성을 금과 옥조로 삼는 IMF가 자신들의 총재를 이런 비합리적인 방법으로 선출할 수 있단 말인가? 동양인은 왜 IMF나 세계 은행 총재가 될 수 없는지 그 이유를 미국과 유럽은 명백히 밝혀야 한다.

IMF의 또 다른 문제점은 그 운영 방식이 매우 비밀스럽다는 것이다. 밀실주의와 갈라먹기식 경영은 IMF의 고질적인 문제가 되고 말았다. 세계 경제를 지배하는 이들 경제 기구가 이런 식으로 비합리적으로 운영된다면 세계 경제는 여러 가지 불협화음을 내게 되고 개발 도상국의 외환 위기 사태는 계속될 수 밖에 없는 것이다. 이들 두 금융 기관의 총재를 미국과 유럽이 갈라먹는 한 우리 아시아인들의 경제 발전은 한계가 있기 마련인 것이다.

경기의 규칙이 우리 아시아인들에게 결정적으로 불리하기 때문에 우리는 세계 경제 게임에서 절대로 서구 세력을 이길 수 없는 것이다. 즉 미국은 세계 경제 대결 경기장에서 최우수 선수이면서 동시에 심판도 겸하고 있는 현실이다.

선수이면서 동시에 심판인 미국과 경기를 해서 이길 수 있는 나라가 없다는 것은 너무도 자연스러운 이치인 것이다.

돌팔이 의사 - IMF

"
세계최고의 경제학자 제프리삭스 교수는 IMF가 한국에서 긴축정책을 실시한 것은 크나큰 실수라고 하며 IMF는 한국에 달러를 빌려주어 외환유동성만 해결해주고 긴축정책은 실시하지 않았어야 했다라며 IMF와 정반대되는 정책을 주장하며 IMF해체론을 제기하였다.
"

IMF는 외환 위기가 일어난 나라에 달려가서 외화를 빌려주고 그 나라의 경제 정책을 자신들이 장악한다. 만약 외환 위기가 일어난 나라(한국, 태국, 멕시코)들이 IMF의 권고를 거부하면 즉시 빌려준 돈을 회수하기 때문에 IMF에 반항한다는 것은 생각도 할 수 없는 것이다. 따라서 IMF 관리에 편입된 나라들은 IMF의 정책을 금과 옥조로 생각하고 열심히 그 정책을 시행해야 한다.

IMF의 간부가 한국을 방문하면 우리는 조선 시대에 중국의 칙사를 맞이하듯이 연신 굽신거리고 눈치 보기에 바빴다. 행여나 그 간부의 심기를 건드릴까 싶어 시키면 시키는 대로 하다 못해 먼저 알아서 기는 추태도 연출했었다. IMF의 권고사항은 사실상 명령이었다. IMF 사태 당시 우리는 IMF의 명령에 충실히 복종하여 오랜 군부 독재에 길들여진 한국인들의 복종 정신의 진수를 보여 주었던 것이다.

그 당시 한국에서 IMF 정책은 헌법보다 더 권위가 있었고 우리가 그 정책에 반대한다는 것은 생각도 할 수 없는 일이었다. 그러나 자세히 보면 외환 위기를 당한 나라에 IMF가 권고하는 경제 정책이란 것이 한심하기 짝이 없는 수준이었다. 외환위기를 겪은 각각의 나라들의 증상은 물론 외화 부족이라는 공통된 것이었다. 그러나 각각의 나라가 외환 위기에 직면하게된 원인은 각양각색이었지만 IMF의 처방은 천편일률적으로 똑같았다.

태국이나 필리핀 등의 외환 위기는 과도한 투자와 제조업 기반의 취약이었다. 그러나 한국의 경우는 그 원인이 달랐다. 한국은 고질적인 주먹구구식 3김씨의 가신 정치와 잘못된 환율 정책 때문이었다.

3김씨는 인기에 영합하여 급격한 임금 인상을 수용하였고 또 지나치게 고용 안정에 집착하다가 노동 시장의 유연성을 위축시키고 말았다. 이처럼 한국 정치인들은 선거철만 되면 하나같이 임금 인상과 안정된 직장을 공약으로 내걸었다.

따라서 임금 인상은 노동 생산성 향상을 훨씬 앞질렀고, 안정된 직장이란 정책 때문에 직원들에 대해서 정리 해고를 시행하지 못했다. 근로자들의 자질과 책임의식은 갈수록 떨어졌고 따라서 능력이 있거나 없거나 아무도 해고당하지 않았다. 또 능력에 상관없이 공평하게 봉급을 받고 시간만 지나면 승진이 되기도 했다.

여기에 더하여 집권층의 비호를 받는 재벌들과 이들을 이용하는 정치인들의 모습은 보기에도 민망할 지경이었다.

설상가상으로 정치인들은 유권자의 환심을 사기 위해 물가를 안정시킨다고 원화의 가치를 턱도 없이 고평가 시켜 놓았다. 1달러에 1200원 해야 할 환율이 700~800원 선에서 유지되어 수입은 기하급수적으로 늘어났고 수출은 제자리 걸음이었다. 따라서 연간 무역 적자는 수백 억 달러에 이르렀고 결국에는 외환 위기에 봉착하였던 것이다.

한국은 환율이 적정선으로 유지되고 노동 시장의 유연성만 확보되면 긴축 정책 없이도 외환 위기를 탈출 할 수 있었다. 그것은 한국이 필리핀, 인도네시아와 달리 제조업 경쟁력을 갖추고 있고, 수출 주도형 경제 구조를 갖고 있기 때문이었다. 그러나 한국의 외환 위기 때 IMF는 태국, 인도네시아 사태 때와 똑같이 한국에 대하여 초 긴축 정책을 실시했다.

외환 위기시에 한국은 1달러당 2,000원까지 달러 환율이 급등 했었다. 이때 만약 IMF가 한국에 대해서 긴축 정책을 시행하지 않고 오히려 경기를 활성화시켰다면 수출이 급격히 늘어났을 것이다. 이렇게 되었더라면 수출 경쟁력이 있는 한국은 단숨에 연간 무역 흑자 500억 달러를 달성하여 1년 만에 IMF 관리 체제를 탈피할 수도 있었을 것이다. 그러나 IMF의 초 긴축 정책으로 거의 모든 회사는 부도가 났고 공장 가동율은 최저치로 떨어졌었다. 수출을 하려고 해도 가동되는 공장이 없어 수출을 하지 못한 경우도 나타나기 시작했다.

IMF의 잘못된 정책과 국내 집권층의 무능 때문에 우리는 우리가 재기할 수 있는 절호의 기회를 이렇게 허무하게 날려버렸다. 그러나 이 악조건 속에도 환율 급등에 힘입어 한국은 무역 흑자

200억 달러 이상을 달성했었다. 하지만 이 정도로는 IMF 체제를 탈피하기에는 역부족이었고, 천편일률적인 IMF의 엉터리 처방인 초 긴축 정책으로 한국은 현재도 IMF 체제에서 헤어나지 못하고 있는 것이다.

이러한 이유 때문에 세계 최고의 경제학자 중 한 명으로 꼽히는 하버드대의 제프리 삭스 교수는 IMF의 경제 정책을 맹렬히 비난하고 나섰다.

제프리 삭스 교수는 IMF가 한국에서 긴축 정책을 실시한 것은 크나큰 실수라고 지금도 변함없이 주장하고 있다. 제프리 삭스 교수는 "IMF는 한국에 달러만 빌려주어 외환 유동성만 해결해 주고 긴축 정책은 실시하지 않았어야 했다."고 IMF와 정 반대되는 정책을 주장하였다.

이 교수의 주장은 IMF가 환율을 적정 수준으로 유지하도록 유도하고, 노동 시장의 유연성을 확보한 후 한국에 대해서 긴축이 아니라 오히려 경기 활성화를 유도했어야 했다는 것이었다.

IMF는 한국의 외환위기를 극복한 것이 아니라 나라의 주인을 바꾼 것이다

> IMF가 한국을 진정으로 도와줄 마음이 있었다면 외환위기가 오기 전에 대출을 해주어 아예 외환위기가 오지 않도록 했어야 했는데 외환위기가 온 후에 돈을 빌려주어 결국 한국인들은 엄청난 고통을 겪는 초상날이었는데, 외국 투기꾼들에게는 잔치날이었다. 그들은 우리 기업의 시체더미를 헤집고 다니면서 쓸만한 물건을 찾아 헐값에 가져가 버린 것이다.

동아시아에서 외환 위기가 도래했을 때, IMF의 대응 방식은 각 나라의 문화를 무시한 너무 조잡하고 유치한 기본적인 방법이었다.

구조 조정이란 미명하에 엄청난 수의 노동자를 거리로 내쫓아 그들은 지하철 역에서 뒹굴어야 했다. 그리고 적자나는 기업은 어김 없이 부도 처리를 하였다.

이 과정에서 지금은 적자가 나도 앞으로는 흑자를 내고 성장할 수 있는 회사들도 모조리 부도 처리가 되고 말았던 것이다.

즉 기업의 장래성은 안중에도 없었고, 그 당시에 흑자가 나는지 여부와 현금이 있느냐 없느냐 하는 것만이 판단기준 이었다. 이러한 일련의 과정은 그 나라 국민들이 적응하기에는 너무 과격하고 급진적이었다.

IMF와 한국 정부가 은행권에 대해서 자기 자본 비율(BIS)을 맞추라고 다그치자 은행들은 대출금을 회수하였고, 이 바람에 기업들은 일시에 대출금 상환 독촉에 시달리게 되었다. 부도 나는 기업이 많아지자 은행은 서둘러 대출금을 회수하였고 대출금 회수는 더 많은 기업의 부도 사태를 야기시키는 악순환이 시작되었던 것이다.

사태가 이런 식으로 전개되자 자금 회전이 안 되어 흑자 기업이나 적자 기업이나 구분 없이 부도가 나기 시작했다. 이 세상의 어떤 기업도 은행이 일시에 대출금을 모두 회수하면 부도가 나는 것은 당연한 일이기 때문이다.

사실 IMF 당시 대부분의 한국 기업은 기업 운영 방법보다는 자금 회전이 안 되어 부도가 난 경우가 더 많았던 것이다.

당시 한국 기업들의 가장 큰 문제는 현금 유동성의 문제였었다. 돌이켜 보면 그때 같은 고금리와 자금 경색 상태에서는 부도가 나는 기업이 정상이고 부도가 안 난 기업이 오히려 비정상적인 기업이라고 생각이 들 정도이다. 은행들은 자신들이 대출해준 기업들이 부도가 나자 채권 회수가 안 되어 더욱더 어려워졌다. 따라서 더 악착같이 대출금을 회수하였고 기업들은 무차별적으로 부도가 나기 시작했다.

빌려준 채권을 회수하지 못한 부실 채권이 많은 은행은 퇴출 당하였다. 자신이 빌려준 채권이 부실화되어 부실 채권이 되면 해당 은행은 책임을 져야 했고 그 대출금을 회수할 수 없었다.

이것은 이상한 일이 아니라 너무나 자연스러운 현상이었다. 자신이 돈을 빌려준 회사가 부도가 나면 돈을 빌려준 사람이 돈을 못 받는 것은 당연하기 때문이다. IMF 사태가 터진 한국, 인도네시아, 태국에서는 받지 못하는 채권인 부실 채권이 쏟아져 나왔고 은행은 부실화되어 흔적도 없이 사라졌다. 그러나 이 와중에도 예외는 있었다. 바로 외국의 채권단이었다. 이들은 한국에 돈을 빌려준 후 한국이 외환 부족 사태에 빠져 한국에 대한 채권이 부실 채권이 되었지만 신기하게도 별다른 손해를 보지 않고 원리금을 챙길 수 있었다. 아니 오히려 고율의 이자를 받고 투기를 하여 더 큰 수익을 올린 투자자들도 있었다.

어떻게 이런 일이 가능했을까? 바로 채권 해결사 IMF 때문이었다. 한국이 외환 부족 상태에 빠져 외채를 갚을 수 없게 되자 한국의 사기업에 돈을 빌려준 외국의 채권단은 채권 회수가 어렵게 되어 매우 난감해졌다. 이때 IMF가 나타나 한국 정부의 보증하에 한국에 수백 억 달러를 거의 무제한으로 공급해 주었다. 따라서 한국의 달러 부족 사태는 해결되었고, 외국 금융기관들은 채권을 회수할 수 있게 된 것이다.

이 와중에 한국의 국민들은 엄청난 고통을 겪어야만 했다. 노동자, 자본가, 영세상인 할 것 없이 경제 활동을 하고 있던 사람들은 모두 무차별적으로 피해를 당해야 했다. 또 사기업의 채무가 한국 국가 채무로 바뀌어서 기업이 부도가 나도 이제 한국 국민들의 세금으로 그 빚을 갚아야 하게 되었다. 결국 외국 금융 기관들은 떼이고 말았어야 할 부실 채권을 IMF덕에 고스란히 받게 되었고, 그 부담은 모두 한국 국민이 뒤집어 쓴 것이다.

외국 금융 기관들에게 돈을 빌려온 한국 기업들이 부도가 나면 돈을 빌려준 외국 금융 기관들은 돈을 떼이고 말았어야 했는데 IMF 구제 금융 때문에 그들은 한 푼도 손해를 보지 않았던 것이다. IMF에서 한국 기업들의 빚을 대신 갚아 주었기 때문이었다.

물론 이 IMF에서 빌려준 돈에 대해서는 한국 정부가 보증을 서 주어 이제 한국 국민들이 세금으로 갚아야 하는 부담이 생긴 것이다. 바로 이 IMF 때문에 국제 금융 기관들은 돈을 떼일 염려가 없어져서 상환 능력을 고려하지 않고 아무 나라에나 돈을 빌려주는 도덕적 해이(moral hazard) 상태에 빠지게 되었다.

상환 능력이 있는지 없는지 신중히 판단하지 않고 함부로 돈을 빌려주어 오히려 세계 경제를 더 혼란스럽게 만들고 있는 것이다. 사실 IMF 전에 이미 한국에서는 불길한 징조가 보이기 시작했었다. 김영삼 정부의 잘못된 외환 관리, 노동 시장의 경색, 국내 총수요 관리 등에서 이미 문제점이 나타나기 시작했던 것이다.

정부는 뒤늦게 노동법을 개정하여 노동시장의 유연성을 확보하려고 했지만 야당(국민회의)의 결사적인 반대로 실현되지 못하였다. 야당이 정부의 발목을 잡고 있는 동안 사태는 더욱 더 악화되기 시작했다. 더구나 외국 금융기관들의 한국 기업들에 대한 무분별한 대출은 한국을 파멸시키기에 충분하였다. 이때 국제 금융 기관들이 한국에 대한 자금 공급을 좀 더 신중히 했더라면 그토록 심각한 외환 위기는 오지 않았을 것이다.

철 없는 십대 소년에게 은행이 수 백만 원을 빌려주면 안 되듯이 정부와 야당이 경제에 대한 전문적인 공부는 뒷전으로 미룬 채무분별한 정치싸움만 벌이고 있는 한국의 기업들에게 외국 금융 기관들은 돈을 빌려줄 때 좀 더 신중했어야 했다. 자금 관리 능력이 없는 한국에 대해서 무분별하게 돈을 빌려준 국제 금융 기관들은 십대 소년에게 수 백만원의 돈을 빌려주는 사채 업자처럼 오히려 도덕적으로 비난을 받아야 한다.

그 외에도 IMF가 한국을 진정으로 도와줄 마음이 있었다면 외환 위기가 오기 전에 대출을 해주어 아예 외환 위기가 오지 않도록 했어야 했다. 일단 외환 위기가 올때까지 기다렸다가 외환 위기가 온 후에 돈을 빌려주어 결국 한국인들은 엄청난 고통을 겪고 외국의 투자자들은 손해를 보지 않는 부당한 정책을 시행하였던 것이다. 이러한 이유 때문에 세계에서 가장 영향력이 있는 경제학자 중 한 사람인 하버드 대학의 제프리 삭스 교수는 IMF 무용론을 주장하고 있는 것이다.

우리 인류는 외환 위기를 막기 위해 IMF를 설립했지만, IMF가 설립된 후에도 이 세계에서 외환 위기는 계속 발생하고 있으며 결론적으로 IMF가 외환 위기를 방지하지 못하고 있다는 것이다. 오히려 IMF가 국제 금융 기관들의 빚을 대신 갚아주기 때문에 국제 금융 기관들이 도덕적 해이 상태에 빠져 돈을 함부로 빌려주어 국제적인 외환 위기를 부추긴다는 것이다.

따라서 제프리 삭스 교수는 IMF를 해체해야 한다고도 주장한다. 한국의 외환 위기 사태에 IMF가 개입하여 한국 기업들에게 함부로 돈을 빌려준 국제 금융 기관들은 돈을 떼이지 않았다.

IMF가 개입하여 한국의 외환 위기가 해결된 것은 사실이지만 이것이 도덕적으로 정당한 일인지 재검토해 볼 필요가 있는 것이다. 왜냐하면 사기업이 빌려쓴 돈을 IMF가 대신 갚아주고 이

IMF의 채무에 대해서는 한국 국민이 보증을 서준 꼴이 되었기 때문이다. 외채를 빌려쓴 사기업이 채무를 갚지 못하면 그 기업은 부도가 나고 상황이 끝나야 하는데 그렇지 못하고 국민들이 세금으로 이 기업들의 빚을 대신 갚아준다는 것은 문제가 있기 때문이다. 더구나 한국 정부는 세금이라고 표현하지 않고 공적 자금이란 단어를 사용하여 국민들을 더욱 헷갈리게 하고 있다.

당시 김대중 대통령과 그의 참모들은 IMF를 극복했다고 자화자찬 했지만, 이 와중에 우리 국가의 주인이 바뀐 것은 간과하고 있었다. IMF 사태 후에 외환 위기를 극복한 것은 외국 금융 기관들이었지 우리 한국 국민들은 아닌 것이다. 외국 금융 기관들은 IMF 사태를 해피엔드(happy end)로 끝냈지만 한국의 저소득층은 지금부터가 시작이며, 이 사태는 아마도 한 세대는 계속될 것이다.

결론적으로 IMF의 구제 금융은 한국 국민을 구제하기 위한 것이 아니며, 부실 채권으로 돈을 떼일 뻔한 외국 금융 기관을 구제하기 위한 자금이었다. 이러한 사실을 모르고 마치 우리가 IMF 사태를 극복한 양 착각을 해서는 안 된다. 결론적으로 IMF 사태를 극복한 것은 외국 금융 기관들이었지, 한국 국민이 아니라는 것이다. 한국이 IMF 관리 체제에 들어간다는 것은 한국의 개인 기업의 빚을 한국 국민들이 대신 갚아주게 되므로 한국 국민들은 만년 빈곤 상태에서 벗어나지 못하게 된다는 것을 의미한다.

IMF에서 빌려온 돈은 정부 보증 채무이기 때문에 우리가 세금으로라도 갚아주어야 한다. 현재 공적 자금이 투입되고 있는데, 이 공적 자금이 바로 우리 한국인들의 세금인 것이다.

이 세금(공적 자금)으로도 해결이 안 되면 우리 국민들이 집에 있는 밥솥을 팔거나 우리 나라 산의 나무를 베어서 팔더라도 이 빚을 갚아야 한다.

일단 IMF 관리 체제에 들어가면 그 나라 국민들은 외채의 노예가 되고 그 외채를 갚는 것이 그 국민들의 최대 목표가 되는 것이다. 결국 빚 갚는데 국가적 자금이 소요되어 성장잠재력은 소멸되고 2차, 3차의 외환 위기가 오는 것이다. 이같은 과정을 풀코스로 밟은 남미의 여러 나라들은 지금도 만년 빈곤 상태에서 허덕이고 있다.

외국 금융 기관들은 IMF 사태를 극복한 후 한 걸음 더 나아가 한국의 주요 기업을 헐값에 매수하였다. 아무리 IMF 사태라 하더라도 한국의 주식이나 부동산 가격이 하루 아침에 1/4로 내려간다는 것이 가능한 일인가? IMF 사태로 멀쩡한 회사의 주식 가격이 1/4로 폭락 하였고, 이 와중에 외국의 투기꾼들은 살판이 났었다.

IMF 사태는 한국인들에게는 초상날이었지만 외국 투기꾼들에게는 잔칫날이었다. 그들은 우리 기업들의 시체 더미를 헤집고 다니면서 쓸만한 물건을 찾는데 혈안이 되어 있었다. 어떤 기업은 자신들이 인수 하여 합병을 하고 또 어떤 기업은 부도 처리 한다는 기준을 설정하여 자신들의 이득을 보는데 혈안이 되어 있었던 것이다.

더욱 가관인 것은 이들의 이러한 행위는 외자 유치를 목적으로 하는 한국 정부의 전폭적인 지원을 받고 있었다는 것이다. 소중한 우리 기업의 주식을 헐값에 팔아치운 우리의 경제 정책 때문에 우리 다음 세대는 혹독한 대가를 치루어야 할 것이다.

지금 대학에 다니는 학생들이 졸업하여 회사에 입사하면 이 피해를 실제로 체험할 수 있을 것이다. 그들 중에는 외국인 상사를 모시고 말단 직원으로 거의 반평생을 보내다가 운이 좋으면 과장 정도 승진하고 인생을 마감하게 될 것이다.

　외국인 소유의 회사에서는 이사나 사장은 대부분 외국인이 차지하게 되므로 한국인들이 경영자나 이사진이 될 기회는 그만큼 더 줄어들었기 때문이다.

빈부 격차를 부추기는 IMF

> **"**
> IMF와 IBRD는 무한경쟁과 외환거래의 자유화, 그리고 무분별한 해지펀드의 남발을 부추겨 개발도상국가의 중산층을 몰락시키고 세계 각국의 빈부격차를 더욱 심화시켰으며, 결국 이 두 기구는 선진국들의 이익만을 대변하는 기관으로 변질되었다.
> **"**

국제 통화 기금(IMF)과 세계 은행(IBRD)의 또 다른 문제점은 이 두 금융 기관이 빈부 격차를 더 크게 만든다는 것이다. 그래서 개발 도상국 주민과 선진국의 시민 단체(NGO)들은 이 두 금융 기관을 맹렬히 비판하고 있다. 실제로 국제 통화 기금(IMF)과 세계 은행(IBRD)이 활동한 지난 수십 년 동안 국가간의 빈부 차이는 더욱 커졌다.

지난 수십 년 동안 선진 7개국(G-7) 중 GNP 순서로 보면 1등인 미국과 그 다음 2등, 3등인 일본과 독일의 경제력 격차가 더 커졌다는 사실이다. 전에는 2등, 3등인 일본과 독일의 GNP를 합치면 1등인 미국의 GNP보다 더 컸지만, 지금은 2등, 3등의 GNP를 합쳐도 1등인 미국의 GNP에 미치지 못하고 있다.

또 3등, 4등인 독일과 프랑스를 합쳐도 2등인 일본의 GNP에도 못 미치는 현실이다. 이러한 사실은 부유한 국가 집단인 선진 7개 국(G-7) 사이에도 빈부 격차는 오히려 더 커졌다는 것이다. 하물며 선진국과 개발 도상국의 차이는 말할 것도 없는 것이다. 그리고 IMF와 IBRD는 무한 경쟁을 부추겨 개발 도상 국가의 중산층을 몰락시키는데 일조를 하였다.

그 뿐 아니라 미국이나 일본, 독일 등 선진국내에서도 최근들어 중산층이 급격히 해체되고 있는 것이 엄연한 현실이다.

이 세계에서 국가 단위로 보았을 때, 중산층 국가에 해당하는 동아시아의 신흥 공업국들도 몰락하고 말았다. 한국이나 말레이시아 등은 신흥 공업국으로써 선진국과 후진국의 중간에 위치한 중산층에 해당되는 국가들이다. 이들 국가에 외환 위기가 찾아 온 것은 이들 개별 국가의 잘못된 정책도 있지만 오히려 이것은 세계적인 추세인 무한 경쟁 때문인 것이다.

바꾸어 말하면 동아시아의 외환 위기로 이들 국가가 몰락한 것이 전적으로 이들 국가만의 책임이 아니라는 것이다. 외환 거래의 자유화, 무분별한 헤지 펀드의 남발을 자유 경쟁과 외환 거래의 자유화란 미명하에 부추긴 IMF와 IBRD도 그 책임을 져야하는 것이다. 세계 무역 시장에서 무한 경쟁을 부추기는 WTO 체제나 무분별한 외환 거래 자유화가 없었다면 한국도 결코 IMF 사태에 직면하지 않았을 것이 거의 확실하기 때문이다.

동서냉전체제의 붕괴 - 한국 IMF 사태에 빠지다

> "
> 한국이 반공의 최전선에서 북한, 소련, 중국과 대결하고 있었
> 다면 미국은 한국경제가 붕괴되도록 방치했을 리가 없는 것이다.
> 왜냐하면 한국경제의 붕괴는 곧 미국의 패배를 의미하기 때문이
> 다.
> "

한국이 IMF 관리 체제에 들어간 이유는 여러 가지이다. 첫째는 원화의 상대적 고평가 때문이다. 1달러에 1,200원 해야 할 환율이 700원이 되면 무역 적자는 필연적이다.

그러면 왜 김영삼 정부는 엉터리 환율을 고집하여 결국 한국 경제가 IMF 관리 체제로 들어가도록 했는가? 그 이유는 다음과 같다.

원화 가치가 내려가면 원자재의 국내 가격이 올라가서 물가가 오르게 된다. 유가가 1배럴에 20달러 라고 하면 1달러가 700원일 때는 1배럴이 14,000원이 된다. 그러나 1달러가 1,500원이면 1배럴은 30,000원이 되어 국내 휘발유 값을 두 배로 인상해야 되는 것이다. 물가가 오르는 것은 국민들이 좋아하지 않는다.

둘째는 무분별한 외채 도입이다. 국민 소득이 실제 8,000달러 정도인데 2,000달러를 빌려와서 쓰다보니 국민 소득은 10,000달러로 평가되고 외채는 늘어만 가는 것이다.

막대한 무역 적자를 외국에 빌려와서 메꾸다 보니 외채만 늘어가고 외환 보유고는 바닥이 나고 말았다.

셋째는 표를 의식하여 노동계의 지나친 요구를 모두 받아 주어 노동 시장이 경직되었기 때문이다. 인기에 신경을 쓰는 정치인들 덕택에 정리해고는 엄두도 낼 수 없었고, 임금은 계속 올라가고 노동 생산성은 제자리 걸음을 되풀이 하고 있었다.

넷째는 기술은 일본에 뒤지고 가격은 중국에 밀리는 한국 제품의 열악한 국제 경쟁력 때문이었다. 게다가 일부 몰지각한 재벌 총수들의 중복 과잉 투자도 사태를 더 악화시켰다.

다섯번째 이유는 냉전체제의 붕괴때문이었다. 만약 동서 냉전이 계속되어 한반도에서 공산진영과 서방진영이 첨예하게 대립하고 있었다면 한국은 절대로 IMF 관리체제에 편입되지 않았을 것이다.

한국이 반공의 최전선에서 북한, 소련, 중국과 대결하고 있었다면 미국은 한국 경제가 붕괴되도록 방치했을리가 없는 것이다. 왜냐하면 한국 경제의 붕괴는 곧 서구세력의 패배를 의미하기 때문이다.

서독, 한국, 대만같은 나라는 동서냉전의 틈바구니에서 손실도 많았지만 혜택도 엄청나게 받았었다. 라인강의 기적과 한강의 기적은 동서냉전이 아니었으면 불가능한 일이었다.

미국은 서방세계 체제의 우월성을 입증하기 위해 서독과 한국,

대만을 전폭적으로 지원해 주었었다. 그러나 동서냉전이 끝나면서 대만, 한국, 서독의 정치적 중요성은 반감되었다.

미국의 입장에서 볼 때 이제 한국과 대만은 정치적 우선 순위에서 밀려나게 되었다. 따라서 한국이 IMF 체제에 직면해도 미국은 팔짱을 끼고 보고만 있었던 것이다.

재차 강조하지만 동서냉전이 계속 되었다면 한국은 결코 IMF 관리체제에 편입되지 않았을 것이다. 그러나 유감스럽게도 동서냉전의 붕괴가 한반도 경제의 위기를 초래할 것이라는 사실을 한국 정치인들은 전혀 인식하지 못하였던 것이다.

결국 위에 열거한 여러 가지 원인은 시대에 뒤떨어진 3김씨의 주먹구구식 가신 정치에서 그 뿌리를 찾을 수 있다.

그러나 여기서 한가지 더 생각해 볼 문제가 있다. 만약 3김씨가 미국에 가서 정치를 하면 미국이 IMF 체제에 편입될 것인가? 하는 문제다. 결론부터 말하면 3김씨가 미국에 가서 정치를 해도 미국은 IMF 체제에 편입되지 않는다. 미국은 3김씨 뿐만 아니라 누가 와서 정치를 해도 IMF 체제에 편입되지 않는다.

미국은 경제 덩치가 크고 달러 발권력이 있는 나라이기 때문에 외환 부족 사태라는 것은 애시당초 일어날 수가 없는 나라이기 때문이다.

일본도 마찬가지다. 경제 덩치가 너무 크기 때문에 투기꾼들에게 휘둘릴 나라가 아닌 것이다. 그러나 한국은 사정이 다르다. 외환 투기꾼들이 100억 달러만 가지고 덤벼 들어도 국가 자체가 휘청거릴 수 있는 것이다.

한국이 IMF에 편입된 보다 근본적인 원인은 3김씨 보다는 경제 규모의 문제인 것이다. 결국 이 문제는 한국의 장래에 지속적으로 두통거리로 남게 될 것이다.

영국, 프랑스, 독일 같은 경제 대국도 이런 위험을 방지할 목적으로 유럽 공동체(EU)란 거대한 규모의 단일 경제 기구를 만들었던 것이다. 한국의 일인당 GNP가 10만 달러 정도가 되어 한국의 경제 규모가 엄청나게 커지면 한국도 이 문제를 단독으로 해결할 수 있을 것이다. 그러나 이것은 어디까지나 우리의 희망사항일 뿐 현실적으로 불가능한 이야기이다.

우리도 결국 다른 나라와 경제 공동체를 만들어 집단으로 이 문제를 해결할 수 밖에 없다. 그러면 우리는 누구와 경제 동맹을 맺을 것인가. 미국인가? 중국인가? 일본인가? 미국은 우리의 우방인가? 일본은 진정한 의미의 아시아의 맹주가 될 수 있을 것인가? 공산국가인 중국과 자유 경제 체제인 한국의 동맹은 가능할 것인가? 오랜 원한 관계인 한국과 일본의 우호적인 협력은 가능한 것인가? 동남아 각국의 외환 위기시에 일본의 입장은 어떠했는가? 우리는 이러한 문제에 대해서 냉정하게 검토해 볼 필요가 있는 것이다.

신용 없는 신용 평가 회사 - 무디스와 스탠더드 앤 푸어스

> **"**
> 얼마 전까지만 해도 '아시아의 네 마리용' 운운하다가 갑자기
> 국가부도판정을 내린다는 것이 합리적인가? 왜 이들이 결정하는
> 한국기업의 신용평가결정과정은 그토록 불투명한가? 이들은 외
> 환위기를 미연에 방지하기는커녕 오히려 증폭시켜 불난 집에 부
> 채질이나 하고 돌아다녔던 것이다.
> **"**

스탠터드 앤 푸어스 사와 무디스 사는 세계 경제를 예측하고, 국가 신용도를 정확히 평가한다고 자부하는 신용 평가 회사들이다.

이들은 1997년 12월 IMF 사태가 발생하자 한국 경제의 장래가 불안하다고 예측하면서 한국의 국가 신인도를 급격히 하향 조정했다. 자신들이 한국 경제의 장래를 정확히 평가하고 예측한다는 것이었다. 그렇다면 한 국가의 경제를 그렇게 정확히 평가하고 장래를 예측하는 이들 신용 평가 회사들이 왜 1년 전에는 한국 경제의 파산을 예측하지 못했는가? 몇 달 전까지만 해도 한국의 경제위기에 대해 일언반구도 없다가 갑자기 한 달 만에 국가 신인도를

급격히 하향 조정하는 것이 설득력이 있는 일인가? 자신들의 예측과 분석이 그토록 정확하다면 적어도 1년 전에는 한국 경제의 위기를 예측했어야 되는 것이 아닌가?

결국 이들 신용 평가 회사의 신용 평가 능력은 신용이 없는 것 같다. 얼마 전까지만 해도 '아시아의 4마리 용' 운운하다가 갑자기 국가 부도 판정을 내린다는 것이 합리적인가? 이들은 한국 기업들이 경영과 회계의 투명성이 결여되어 있다고 한국 기업들의 신용 평가를 깎아 내렸다.

그러나 이들이 한국 국가 신인도를 결정하는 과정은 철처히 베일에 가려져 있다. 회계와 경영의 투명성을 강조하는 이들이 왜 자신들의 신용 평가 과정은 투명하지 못한가? 왜 이들이 결정하는 한국 기업의 신용 평가 결정 과정은 그토록 불투명한가? 이들 신용 평가 회사들이 일본의 신용 등급을 트리플 에이(AAA)에서 하향 조정하자 일본인들은 신용 평가 회사인 스텐더드 앤 푸어스 사와 무디스 사의 신용을 재평가 해보겠다고 반격하기 시작했다.

일본 기업인들이 일본의 국가 신용도가 미국이나 독일에 뒤떨어지는 이유를 명확히 밝히라고 요구하자 이들은 슬그머니 꽁무니를 빼고 말았다. 이들 신용 평가 회사들이 한국의 거시 경제 지표, 미시 경제 지표를 세밀히 분석해 보았다면 적어도 외환 위기가 오기 1년 전에는 한국 경제의 위기를 정확히 예측했어야 했다.

한국에 외환 위기가 터진 후에 신용 평가를 깎아내리고 올리고 하는 것이 이들 회사의 주 임무가 아닌 것이다. 이들의 주 임무는 외환 위기가 터지기 전에 이것을 예측하고 미연에 방지하여 투자자들을 보호해 주는 것이다. 그러나 이들 신용 평가 회사들은 한국의 외환 위기를 정확히 예측하지 못한데 대해 부끄러워 하기는 커녕 오히려 불난집에 부채질이나 하고 다니는 낯 두꺼운 모습을 보여주었다. 한국의 외환 위기는 이들 신용 평가 회사들의 신용 인하 발표 때마다 오히려 더 심화 되었던 것이다. 이들은 결국 신용 평가로 국가 부도 사태를 예방하기는 커녕 부도 가능성이 있는 국가의 위험도를 부풀려 발표하여 그 나라를 오히려 더 곤경에 빠뜨렸다는 것이다.

한국에 IMF 사태가 발생한 이후에라도 그들이 한국 경제를 정확히 평가했다면 정크본드(쓰레기 채권) 수준으로 내려갔던 한국의 채권 가격이나 주식 가격이 일년도 안 되어 급격히 상승할 수는 없는 것이다.

IMF 사태 초기에 이들 신용 평가 회사들이 한국의 신용도를 형편 없이 저평가하였지만 5,000원도 안 되던 주가가 최근에는 20,000원 씩이나 하게 된 이유는 무엇인가? 이것은 결국 한국의 IMF 초기에 이들 신용 평가 회사들이 지나치게 한국 경제를 비관적으로 보았기 때문에 일어난 현상이다. 이들이 이렇게 한국 경제를 저평가하여 부도가 안 날 기업이 부도가 났기 때문에 외국의 투기꾼들은 한국 주식을 저가로 싹쓸이 할 수 있었던 것이다.

이들은 외환 위기를 미연에 방지하기는 커녕 오히려 증폭시켜 불난집에 부채질이나 하고 돌아다녔던 것이다. 결국 신용 평가를 잘못하여 특정 국가의 부도 사태를 예방하기는 커녕 부도 가능성이 있는 국가의 위험도를 뒤늦게 부풀려 발표하여 그 나라를 오히려 더 곤경에 빠뜨렸다는 것이다.

4

과거 지향의 한국, 미래지향의 일본
그 사이에서 실속만 챙기는 미국

• 낭만주의 김대중, 현실주의 클린턴
• 세기의 대결 IMF와 AMF - IMF의 KO승

낭만주의 김대중, 현실주의 클린턴

IMF사태초기에 김대중대통령이 일본을 방문하자 일본조야는 거국적으로 환영하였는데, 순진한 한국에서는 이를 잘못 해석하여 국민의 정부탄생이니. 최초의 정권교체니 하며 자화자찬할 때, 미국 클린턴대통령은 일본방문에서 멸시와 냉대 속에서도 AMF창설을 무산시켜 결과적으로 한국에서 엄청난 이익을 챙겨간 것이다.

한국 IMF 사태 초기에 김대중 대통령이 일본을 방문하자 일본 조야는 거국적으로 김대중 대통령을 환영하였다. 그러나 비슷한 시기에 클린턴이 일본을 방문했을 때 일본의 반응은 놀라울 정도로 냉담했다.

클린턴의 방일에 대해서 일본 언론의 반응은 냉담하였고 일본 정치인들의 태도 역시 매우 비우호적이었다. 도대체 클린턴이 뭐하러 일본에 왔느냐는 식이었다. 한국 대통령의 방일에 대해서는 거국적으로 환영하던 일본인들이 미국 대통령의 방일에 대해서는 시큰둥한 반응을 보이는 대조적인 모습을 보여 주었던 것이다.

왜 이렇게 일본의 반응이 상반 되었을까? 일본인들의 시각으로

하네다 공항

는 아시아 통화 기금(AMF)을 설립하려는 시점에서 클린턴 대통령이 일본을 방문하는 것 자체가 매우 부담스러운 일이었다. 그리고 클린턴의 방일 목적이 AMF 설립을 무산시키기 위한 것이라는 것을 모를 만큼 일본 정치인들이 바보는 아니었다.

따라서 일본을 방문한 클린턴은 푸대접을 받고 돌아가야만 했다. 그러나 이러한 일본 조야의 냉대에도 불구하고 클린턴은 어느 정도 목적을 달성하였다.

클린턴의 냉대에 반하여 일본이 김대중 대통령을 환영한 것은 한국을 아시아 통화 기금(AMF)에 끌어들이기 위한 목적이었던 것 같다. 그러나 한국 정부는 이 환영의 의미를 잘못 해석하였다.

한국 정부는 옛날 김대중 대통령이 야당 시절 민주화 투쟁 중 동경에서 납치된 사건 때문에 일본 정부가 미안한 마음에서 김대중 대통령의 방일을 거국적으로 환영한다고 그 의미를 오해하고 있었다. 일본인들이 김대중 대통령을 환영한 것은 아시아 통화 기금(AMF) 설립이라는 미래지향적인 이유 때문이었지 동경 납치 사건이라는 과거지향적인 이유 때문은 아니었다.

우리와 달리 일본인들은 과거 문제에 별로 집착하지 않는다. 일본인들은 과거사에 별로 신경쓰지 않기 때문에 원자탄을 투하하여 전쟁과 아무 상관이 없는 일반 민간인을 백만명 가까이 몰살시킨 미국인들을 별로 미워하지 않는 것이다. 이런 일본이 과거 문제 때문에 김대중 대통령을 거국적으로 환영했을 리는 만무한 것이다.

그러나 이 현실을 한국 정부는 김대중 대통령의 민주화 투쟁의 성과라는 식으로 해석하고 있었다. 게다가 국민의 정부 탄생이니 최초의 정권 교체에 대한 일본인들의 축하니 하는 말도 안 되는 언론의 해설도 있었다. 이런 해설은 권력층에 대한 아첨용으로는 충분할지 모르지만 정확한 사태 판단과는 거리가 멀어 결국 국민의 귀와 눈을 멀게하여 국가 전체를 혼란의 늪으로 빠뜨리게 될 것이다. 한국은 지금 모든 분야에서 위기 상황이다. 이런 어려운 때일수록 제 살을 도려내는 듯한 심정으로 기회주의나 아첨을 버리고 각자의 임무와 역할에 책임을 다 할때 우리의 미래는 희망적이지 않을까 생각된다.

세기의 대결 IMF와 AMF - IMF의 KO승

> **"**
> 일본은 동아시아와 일본을 위한 아시아통화기금(AMF)창설을
> 주장했다. 그러나 미국의 반대로 그 계획은 무산되었고 결국 한
> 국을 비롯하여 동아시아는 몰락의 위기를 맞게 되었다.
> **"**

아시아 통화 기금(AMF) 창설을 주장하던 일본의 시도는 미국의 방해로 실현되지 못했다. 일본인들이 아시아 통화 기금(AMF) 창설을 시도한 이유는 일본인들의 생각으로는 동아시아가 분열되어 있으면 언제라도 미국계 외환 투기꾼의 공격 대상이될 수 있기 때문이었다.

따라서 동아시아의 외환 위기는 언제라도 발생할 수 있으며 이때 동아시아의 운명을 IMF에만 맡겨둘 수 없다는 것이었다. 동아시아의 반복되는 외환 위기 현상을 막고 일본 경제를 지키기 위해서 일본인들은 동아시아를 일본의 경제력으로 통합시키려는 시도를 꾸준히 계속하고 있었다.

유럽은 유럽 공동체(EU)라는 단일 시장이 되었고, 유로화란 기

축 통화로 통합되었다. 그러나 일본은 같은 선진국이지만 유럽 공동체(EU)에도 참여하지 못했고 미국과 캐나다의 북미 자유 무역지대(NAFTA)에 가입하기도 곤란했다.

전 세계 경제가 지역적으로 통합되어 갈 때 선진 7개국(G-7) 회원국인 일본은 어떠한 파트너와도 통합될 수 없었다. 물론 일본의 경제 규모가 통일 독일과 프랑스를 합친 것보다 더 크기 때문에 당장은 문제가 될 것이 없는 것 같지만 장래에는 문제거리로 대두될 소지가 있었다.

미래지향적인 일본인들이 이 사태를 좌시할리 없었다. 일본 역시 지역적으로 통합된 체제가 필요했던 것이다.

일본의 처지는 독일이나 프랑스와 비슷하게 미국의 경제력에 대항해야했지만 단독으로 대항하기에는 역부족이었다. 그러나 일본은 독일과 달리 그 이웃에 쓸만한 경제력을 가지고 있는 친구가 될 만한 나라가 없었다. 유럽 국가들이 유럽 공동체(EU)를 만들려고 시도했을 때, 프랑스와 독일이라는 두 강국이 힘을 합쳐 주체가 되었다. 그리고 경제력이 충분한, 이태리, 영국 등 기라성 같은 선진국들이 합류하여 거대 집단인 유럽 공동체가 탄생할 수 있었다.

미국은 강국들의 거대한 집단인 유럽 공동체(EU)의 탄생을 저지할 엄두를 내지 못했었다. 그러나 유감스럽게도 일본은 독일이나 프랑스와는 달리 자신들과 경제 수준이 비슷한 이웃이 없었다. 아시아 전체 GNP를 합쳐도 일본 한 나라의 GNP에도 미치지 못하는 현실에서 일본의 고민은 시작되었다.

동아시아 중에서도 그나마 한국(일본 GNP의 약 1/12)이 가장 경제 규모가 큰 나라이지만, 한·일 경제 공동체를 이룩하기에는 두 나라의 민족 감정이 허락하지 않았다. 그러나 현실적으로 한국이나 동아시아가 일본과 단결하지 못하면 언제라도 미국계 자본의 환투기 대상이 될 수 있으며, 이 사태는 일본에게도 치명적일 수 밖에 없는 것이다.

동남아에 대한 최대 투자국이며 최대 채권국인 일본이 동남아 경제가 무너지면 그 최대의 피해자가 되는 것은 너무나 당연한 이치인 것이다. 그와는 반대로 미국은 동남아에 대한 투자 규모가 작기 때문에 동남아에 외환 위기가 와도 일본보다 피해가 적으며 오히려 이 기회에 동남아의 주식과 부동산을 헐값에 매수하여 폭리를 취할 수 있었던 것이다.

현재 특정 동아시아 국가에서 미국계 투기성 자본을 철수시키면 그 나라는 외환위기에 빠지고 주가와 부동산 가격은 폭락한다. 그 후에 IMF가 들어와서 긴축 재정을 강행하면 그 나라 기업들은 대부분 부도가 나고 그 국가의 경제는 초토화되고 만다. 물론 여기에 스텐더드 앤 푸어스 사나 무디스 사가 가세하여 그 나라의 신용 등급을 하향 조정하여 이 작업에 일조를 하게 된다.

IMF가 외환 위기에 빠진 나라의 기업들을 무더기로 부도처리한 후, 다시 미국계 투기성 자본이 들어가서 헐값에 그 나라의 주식과 부동산을 매수한다. 이렇게 일단 빠져 나갔던 미국계 자본이 다시 돌아오면, 그 나라의 외환 위기는 해소되고 그 나라의 주가와 부동산은 폭등하게 된다. 이 과정에서 저가에 주식과 부동산을 매수한 미국 투기꾼들은 엄청난 폭리를 취하게 되는 것이다.

이 전형적인 사례가 바로 한국인 것이다. 1999년 외환 위기에 빠진 한국의 주식을 헐값에 대량으로 매수한 미국의 투기꾼들은 한국 증시에서 무려 3조원의 이익을 보았다는 통계가 있다. 한국 기업체들이 뼈 빠지게 수출을 하여 그 회사의 주가가 오르면 그 이익은 미국인들이 가져가는 것이다.

남미의 여러 나라들이 이 악순환의 올가미에 걸려들어 다시는 재기를 못하고 있는 것이다. IMF 관리 체제에 걸려든 나라 중에서 영국같은 특수한 경우를 제외하고는 이제까지 어떤 나라도 그 체제에서 탈출 할 수 없었다. 그 이유는 바로 전술한 바와 같이 그 나라의 경제가 회복되면 그 이익을 미국인들이 가져가기 때문에 그 나라는 만년 빈곤국이 될 수 밖에 없는 것이다.

미국인들이 한국 증시에서 벌어들인 3조원이나 되는 돈이 미국으로 송금되어 현재 한국내에는 돈이 없는 것이다. 이렇게 일단 미국인들이 돈을 가져가고 나면 주식시장은 폭락하게 되고 부동산 가격도 다시는 오르지 않게 되는 것이다.

이 상태로 일 · 이십 년만 지나면 미국인들이 미국의 집 한채를 팔아 한국에 오면 한국의 대저택을 구입하여 한국인들을 하인처럼 부리고 살 수 있게 된다.

IMF 관리 체제하에 지난 수 십년간 착취와 멸시를 당했고 앞으로도 계속 당할 필리핀인들의 모습이 바로 10년 후 우리 한국인들의 모습인 것이다.

미국이나 IMF의 주장대로라면 구조 조정을 하고 국민들의 허리띠를 졸라매었던 필리핀, 멕시코, 인도네시아같은 나라들은 이제 위기를 극복했어야 하지 않는가? 그렇지만 아직까지 이들 중 어떤 나라도 경제가 좋아졌다는 소리를 들어본 적이 없다. IMF가

말레이시아의 마하티르 총리

외환 위기 국가의 위기를 해결해 주는 소방수가 아니라 그 나라를 구조적으로 선진국에 종속(경제적 식민지)시키는 역할을 하고 있기 때문이다. 따라서 IMF 관리 체제에 들어간 나라들은 빈곤 상태에 빠지게 되고, 반면 이 과정에서 폭리를 취한 미국은 엄청난 무역 적자에도 불구하고 계속 호황을 유지할 수 있는 것이다.

바로 이러한 이유 때문에 말레이시아의 마하티르 총리는 IMF 관리 체제를 거부하고 끝까지 싸웠던 것이다. 마하티르 총리는 IMF 사태를 미국인들의 음모라고 주장하면서 홀로 외로이 싸웠었다. 온 세계의 비난을 한몸에 받으면서도 그는 지칠줄 모르고 말레이시아의 국익과 국민을 위해서 혼신을 다해 투쟁한 것이다.

노벨 평화상 따위는 안중에도 없었던 마하티르 총리는 세계적인 비난에 대해서 전혀 개의치 않았다. 오히려 그는 IMF 관리 체제에 편입되기보다는 국가지불유예(모라토리움)를 선언할 것이라는 극언도 서슴치 않았다. 마하티르 총리의 노력으로 말레이시아는 끝내 IMF 체제에 편입되지 않고 외환 위기를 극복했다. 돌이켜 보면 IMF 지시에 100% 순종했던 한국보다 끝까지 저항했던 말레이시아 쪽이 훨씬 더 결과가 좋은 것 같다.

엄청난 국가 재산이 외국인 손에 넘어간 한국이나 국부를 고스란히 지켜낸 말레이시아나 외환 위기를 극복했기는 마찬가지이지만 그속사정은 하늘과 땅 차이인 것이다. 이러한 일련의 사태로 야기된 동남아 경제의 궤멸은 바로 일본으로 전해져 일본은 장기 불황에 허덕이게 되었다. 따라서 일본도 이러한 사태를 좌시할 수 없었고, 동아시아 국가 역시 이러한 사태를 묵과할 수 없었다.

따라서 일본은 지금까지의 이름뿐인 APEC이나 미국의 이익을 대변하는 IMF 대신에 동아시아와 일본을 위한 아시아 통화 기금(AMF) 창설을 주장했던 것이다. 즉 일본도 아시아에서 더 이상 미국의 독주를 수수방관 할 수 없다는 의미인 것이다. 그러나 아시아 통화 기금(AMF) 창설을 주장하던 일본이 미국의 반대에 부딪히자 이상하게도 그 계획을 철회하고 말았다. 도쿄 도지사 이시하라 신타로의 말처럼 일본은 미국에 대해서 'NO' 라고 말할 수 없었기 때문인가? 아니면 일본은 진정으로 동아시아를 도울 마음이 없었기 때문인가?

일본은 왜 장래 일본 경제의 앞날에 결정적인 영향을 미칠 AMF 창설을 도중에 포기한 것일까? 아시아는 왜 유럽처럼 아시아 공동체를 만들지 못하고 계속해서 미국의 밥이 되고 있는가? 그 이유는 아시아의 역사적 · 경제적 특수성 때문이지 일부 사람들의 주장처럼 이해타산에 집착하는 일본인들의 이중성 때문만은 아닌 것 같다.

동아시아는 수준이 너무 다른 나라들이 모여 있고 역사적으로 이질적인 집단들이다.

일본과 방글라데시는 같은 아시아 국가이긴 하지만 문화적으로

나 경제적으로 너무나 이질적인 국가로 보여진다. 일본이 AMF 창설을 방해하려는 미국의 압력에 버티려면 아시아에서 일본을 도울 친구가 있어야 한다. 프랑스와 독일이 유럽 공동체(EU)를 창설하려고 했을 때 미국은 프랑스나 독일에 압력을 넣을 수 없었다. 프랑스, 독일, 이태리와 적대시 한다는 것은 미국으로서도 엄두를 낼 수 없는 일이기 때문이었다.

한국의 경제력이 일본의 1/2정도가 되고, 한·일 양국이 아시아 통화 기금(AMF) 설립을 주도하고 나섰다면 미국이 일본에 압력을 행사할 수 있었을까? 또 말레이시아 경제력이 일본의 1/2정도가 되어 한국, 일본, 말레이시아가 공동으로 아시아 통화 기금 설립을 주장했다면 미국의 반대 압력은 애초부터 없었을 것이다.

결국 일본은 아시아에는 쓸만한 친구가 없었기 때문에 미국의 압력에 저항할 수 없었던 것이다. 이것은 동아시아 여러 나라들의 경제력이 허약하기 때문이지 일본의 책임은 아니다. 미국은 일본 혼자서 상대하기에는 너무나 강했기 때문에 일본은 '노(NO)' 라고 말할 수 없었던 것이다.

5

한국 경제의 불투명성,
과연 누구의 책임인가?

• 정치인의 자질 향상과 기업 경영의 투명성은 비례한다

• 정경유착의 진정한 해결책은 무엇인가?

• 제사상이 변할 때 3김 시대는 청산된다

정치인의 자질 향상과 기업 경영의 투명성은 비례한다

> **"**
> 경제실정에 문외한이 대부분인 한국정치인들이 사사건건 기업에 간섭하면서 한보사태, 기아사태가 발생하였고 그 처리 또한 매끄럽지 못했다. 경제논리로 풀어야 할 이들 사태에 정치적 이해득실이 고려되었고 그렇게 서로 경쟁만 되풀이하는 동안 한국은 국가 부도위기에 몰려 결국 IMF사태가 초래되었던 것이다.
> **"**

IMF와 한국의 시민 단체와 개혁을 주장하는 일부 한국 정치인들은 한국 기업이 투명성이 결여되어 있다고 한국 기업인들을 맹렬히 비난했다. 그들은 한국에 경제 위기가 온 이유는 한국 재벌 총수들의 족벌 경영과 폐쇄적 운영 기법 때문이라고 주장한다.

이들은 또 기업의 내용을 투명하게 공개하라고 요구하면서 재벌 총수들의 도덕성을 문제 삼기 시작했다. 그러나 이러한 한국 경제의 위기는 전적으로 한국 기업 경영인들의 도덕적 책임만은 아니다. 한국 기업의 회계 투명성이 결여된 데는 턱없이 높은 세율이 근본 원인인 것이다.

한국에서는 동네 구멍 가게를 하는 사람이나 시장에서 옷가게 하는 사람들도 자신의 소득을 100% 신고할 수는 없다. 현재 한국의 세율이 지나치게 높아서 그렇게 하다가는 만년 가난뱅이 신세를 면할 수 없기 때문이다. 어떤 기업이라도 세무 조사를 받게 되면 회사가 거덜나게 되어 있다. 세무 조사가 단순한 조사가 아니라 일종의 처벌인 것이다.

한국 행정부는 세금 문제에 관한 사법권을 가지고 있다고 해도 과언이 아니다.

따라서 세무 조사 권한을 가지고 있는 국세 청장이나 국세청 조사 국장은 대통령의 측근중의 측근이 임명되는 것이 상식처럼 되어 있다.

한국에서는 세무 조사를 당한 기업들 치고 잘 된 회사가 거의 없다. 이것은 한국의 세법이 지나치게 까다롭고 세율 또한 너무 높기 때문이다. 또 국세 행정이 수요자 중심(납세자 중심)이 아니고 공급자 중심(국세청 중심)이므로 납세자에게 일방적으로 불리하게 되어 있기도 하다.

이러한 제도는 군부 독재 시대의 잔재인데 민주 시대인 지금도 이 제도 만큼은 요지 부동이다. 한국에서 세법상 세율이 지나치게 높고 기업에게 일방적으로 불리하게 되어 있는 데는 나름대로 이유가 있었다. 박정희 대통령은 유신 헌법으로 노동자들이 파업을 하거나 단체 행동을 하는 것을 법으로 원천봉쇄 시켰다.

그러나 이렇게 되면 노사간의 역학 관계에서 사측에게 일방적으로 유리하게 된다는 문제가 발생한다. 이 상태에서 다른 장치가 없으면 사(使)측의 발언권이 너무 커지고 재벌 총수들의 세력이 너무 강해져서 정부가 재벌들을 통제하기가 곤란해진다. 따라서 당시 정부는 세율을 지나치게 높게 책정해 두고 대신 기업인들의 탈세를 평상시에는 적당히 눈감아 주었다. 평상시에는 적당히 봐 주다가 특정 재벌 총수가 괘씸하게 행동하면 즉시 세무 조사를 실시하는 것이다.

이렇게 되면 재벌들이 대통령에게 알아서 기게 되고 경제는 정치에 철저히 예속되게 되는 것이다. 이러한 한국 경제의 정치에 대한 예속은 일본의 정경유착 보다도 훨씬 더 나쁜 결과를 초래하게 된다. 정부는 노동자들의 파업이나 단체행동을 법으로 금지시키고 재벌 총수들에게는 세무 조사란 칼로써 견제를 하여 힘의 균형을 맞추었던 것이다. 그러나 이 엉터리 제도는 박정희 대통령의 탁월한 지도력과 그 참모들의 절묘한 운영 기법 때문에 한강의 기적을 일구어 낼 수 있었다. 이처럼 이 엉터리 제도가 성공하기 위해서는 대통령의 능력이 필수적이고 참모들도 매우 유능해야 한다. 그리고 더욱 중요한 것은 대통령이 국민의 눈치를 볼 필요가 없어야 한다.

왜냐하면 이 제도 자체가 엉터리이기 때문에 실리를 모르고 명분만 앞세우는 꼭두각시들이나 노동자, 농민, 시민 단체들이 시비를 따지기 시작하면 한도 끝도 없는 논쟁에 휘말리게 되어 국정 수행이 불가능 해지기 때문이다. 이 엉터리 제도는 독재 체제 하에서만 진가를 발휘할 수 있는 제도인 것이다.

박대통령이 죽고 전두환 대통령이 집권하고 6.29 선언이 발표되는 일련의 정치적 사태가 벌어졌다. 그러다가 민주화가 되어 노태우, 김영삼 정부 때부터 노조의 파업이 합법화 되었다.

이제 노측을 견제하는 장치는 사라지고 사(使)측을 견제하는 세무 조사만 남게 되어 노사의 세력균형은 노측에 일방적으로 유리해졌다. 사측은 노조나 정치 권력으로부터 상대적으로 약화되어 결국 회사의 경영은 어려워졌다. 노측이나 정부 권력에 비해서 상대적으로 약한 위치에 서게 된 재벌들은 정치권의 눈치 보기에 급급했다. 급기야 그들은 회계 장부와 상관 없이 비자금을 조성하여 선거 때마다 돈보따리를 싸들고 이 정당 저 정치인에게 뛰어다니기 바빴다. 회계 장부에 기재하지 않고 뒤로 빼돌린 비자금으로 정치 실세들에게 돈을 바치지 않다가는 언제 세무 조사를 당하여 그룹이 풍지박산이 날지 모르기 때문이다. 결국 정치에 대한 경제의 예속때문에 회계 장부 따로 실제 회사 자금 따로라는 경영의 불투명성이 생겨나게 되었다.

그 외에도 정부가 은행장의 인사권을 쥐고 있는 현실에서 경제 부처 각료들이나 금융 감독 원장의 말 한마디는 재벌의 생사를 결정짓게 되므로 재벌 총수들은 정부의 눈치를 보지 않을 수 없었다. 그러다 보니 권력 실세 인사가 자녀를 결혼시키는 예식장에는 서로 인사를 드리겠다고 찾아오는 사람들로 인근 지역 교통이 마비되기도 한다. 예식장 주변은 시장 바닥 같은 분위기가 되고 실제 결혼식 내용도 이것과 비슷하게 전개되는 것 같다.

이러한 상황에서 재벌 경영이 바르게 될 수 없었고 정경 유착은 필연적이었다. 한보 사태, 기아 사태 등 잘못된 정경 유착은 결국 IMF 사태로 결말이 나고 말았다.

경제 실정에 문외한이 대부분인 한국 정치인들이 사사건건 기업에 간섭하면서 한보 사태, 기아 사태가 발생하였고 그 처리 또한 매끄럽지 못했다. 경제 논리로 풀어야 할 이들 사태에 정치적 이해득실이 고려되었고 그렇게 서로 정쟁만 되풀이 하는 동안 한국은 국가 부도위기에 몰려 결국 IMF 사태가 초래 되었던 것이다.

한국 기업의 회계 투명성을 확보하기 위해서는 정치인들의 대오 각성이 필요한 것이다. 물론 한국 기업인들이 전혀 책임이 없는 것은 아니지만 이 사태의 근본 책임은 집권 정치인들에게 있는 것이다. 결국 정치인들의 자질이 향상되지 않고는 기업 경영의 투명성 문제가 해결될 수 없는 것이다.

정경유착의 진정한 해결책은 무엇인가?

> **"**
> 기업은 돈이 없으니 은행대출에 목을 매게 되었고 금융자본이
> 없었기 때문에 개인소유의 은행이 나타날 수도 없었다. 따라서
> 은행은 정부측이 장악하게 되었고, 관치금융이 판을 치게 되었
> 다. 은행장의 목을 쥐고 있는 정부실세와 자본이 부족하여 대출
> 이 필요한 재벌회장들의 결탁은 필연적이다 못해 운명적이었다.
> **"**

한국은 기업들의 재무 구조가 취약하고 또 근로자들의 복지가 서방 선진국에 비해 낙후되어 있다. 따라서 노사간의 사이가 나쁘고 노동 쟁의가 심한 편이다. 또 기업들의 재무 구조가 나쁘 다 보니 기업들은 정부의 경제 정책에 의지하게 되었고, 기업의 사활은 정치인들에 의해서 좌우되었다.

정치인 중에서도 무소불위의 권한을 가진 대통령과 그 주변 인물들은 사실상 한국의 재벌들을 좌지우지 했다. 그 결과 수 천 억의 정치 자금이 왔다갔다하는 일반 국민들이나 자라나는 청소년들에게 보여주기 거북한 장면이 연출되곤 했다.

우리는 이 낯 뜨거운 현상을 정경 유착이라고 불렀다. 야당 쪽에서 보면 정경유착을 하는 여당이 밉다 못해 부러울 지경이었다.

그래서 야당은 기회있을 때마다 정경 유착을 뿌리 뽑자고 외쳐대었고 따라서 그 야당이 여당이 되면 정경 유착이 당연히 사라질 줄 알았는데 꼭 그렇게 되지도 않았다. 서구와 미국에서는 심하지 않은데 왜 유독 한국에서만 정경 유착이 기승을 부리는가? 시민 단체들과 노조, 그리고 현재의 집권 세력들은 과거 정권의 부패 때문이라고 주장하면서 군부 독재 시대를 비판하는데 여념이 없었다. 그리고 미국과 유럽인들은 우리 한국인들이 백인들보다 더 부패하기 때문이라고 주장한다. 그들의 생각으로는 아시아적 가치관과 사고 방식에 문제가 있다는 것이다. 그러면 같은 아시아 국가인 일본은 왜 선진국 중에서도 1~2위를 다투는 경제 대국이 되었고 싱가포르 공무원들은 왜 미국 공무원 보다 더 청렴 결백한가? 서구인들은 이 문제에 대하여 선뜻 답을 내놓지 못한다. 이 대목에서 서구인들이 시원한 해답을 못 내놓는 이유는 서구인들이 문제의 핵심을 잘못 보았기 때문이다.

한 국가의 부패 지수는 도덕성과 큰 상관 관계가 없는데도 서구인들은 도덕성과 연관이 있다고 보았기 때문이다. 유럽인들도 절대왕조 시대와 자본주의로 이행하는 초기 단계에서는 부정부패가 매우 심했었다.

15~16세기 때는 유럽의 귀족들이나 조선의 양반이나 부패하기는 마찬가지였다. 그리고 국민들을 수탈하는 면에서도 결코 우열을 가릴 수 없는 막상막하였다. 그러나 현대 자본주의 시대에 와서 서구에서는 공무원들의 부패가 현저히 줄어들고 정경 유착도 거의 사라졌다. 조선과 비슷하게 악질적이고 부패했던 서구의 귀족들이 왜 갑자기 청렴해 졌을까? 이들이 어느 날 갑자기 성경책

을 보다가 크게 깨달아 진심으로 회개했기 때문이었을까? 이 문제를 분명히 규명해야만 고질적인 한국의 정경 유착과 관리의 부정 부패 문제를 해결 할 수 있는 것이다.

서구 사회가 현재 부패하지 않은 이유를 알기 위해서는 서구의 자본주의 발전 단계를 이해해야 한다. 서구는 자본주의가 시작되기 전인 절대왕조 시대에 이미 자본이 축적되어 있었다.

자본주의가 시작되기도 전에 자본 축적이 먼저 되어 있었던 것이다. 일본도 사정은 마찬가지였다. 미쓰이, 스미토모 재벌은 수백년 전인 도쿠가와 막부 시절에 생겨 났었다.

서구의 투기 자본가인 유태계 로스차일드 그룹도 이미 나폴레옹 시대에 두각을 드러냈다. 이들 기업들은 자본이 충분하여 재무구조가 탄탄하였기 때문에 정치인들의 말 한마디에 사활이 결정되지는 않았다. 또 정치권의 말 한마디에 기업의 사활이 결정될 정도의 권한을 서구 정부는 가지지 못했었다. 그러나 한국은 사정이 달랐다. 1945년 한국이 해방이 될 당시에는 이미 전 세계에 자본주의가 극도로 발달되어 있을 때였다.

그러나 그 당시 우리는 자본 축적이 전혀 안된 상태였다. 서구와 일본은 자본주의가 시작 되기도 전인 17~18세기에 이미 자본이 축적되어 있었고, 기술력도 엄청나게 발전되어 있었지만 우리는 자본주의 전성기인 20세기 중반까지도 자본이나 기술력이 매우 취약한 상태였다. 그러다 보니 기업 운영 자금을 외부에서 차입하게 되어 기업의 재무 구조가 형편 없이 취약해졌고, 이 영향은 지금까지 계속되어 현재 한국 대기업의 부채 비율이 매우 높아지게 되었다. 재무 구조가 취약하고 기술력이 없는 빈약한 한국의 재벌들은 정치 실세들의 말 한마디에 풍지박산이 나게 되었다.

5공화국 때는 국제 그룹이 또 최근에는 대우 그룹이 산산 조각이 났다. 물론 이 그룹의 해체가 단순히 정치적인 이유 때문만은 아니었다. 그러나 그 당시의 집권층이 무리를 해서라도 이 재벌들을 유지 시키려고 했으면 못 할 이유도 없는 것이 우리의 현실이다. 실제로 인기에 영합한 정치권에서 기아 그룹과 한보 그룹을 부도처리하지 않기로 결정하자 이 그룹들은 상당기간 버틸 수 있었다. 이러한 상황에서 재벌 총수들은 그룹의 경영보다는 실세 정치인과의 관계에 더 신경을 쓸 수 밖에 없었다. 경영이 악화되어도 정치 실세들과 돈독한 관계만 맺어져 있으면 부도가 안 날 수 있기 때문이었다. 결국 서구 기업들보다 돈이 없고, 기술이 없고, 경영 능력이 뒤떨어지고, 노동자들의 근로 자세가 나쁜 한국의 기업들은 무소불위의 권한을 가진 정부에 지나치게 의존하게 되었던 것이다.

자본과 기술의 빈약으로 기업은 자생력이 없었고 따라서 정부에 지나치게 의지하게 되었으며, 이 과정에서 정경 유착이 생겨난 것이다. 정경 유착 문제는 이러한 배경에서 생겨났으며 부정부패는 정경 유착의 산물이니까 더 이상 거론할 필요도 없는 것이다.

기업은 돈이 없으니 은행 대출에 목을 매게 되었고, 금융 자본이 없었기 때문에 개인 소유의 은행이 나타날 수도 없었다. 따라서 은행은 정부측이 장악하게 되었고, 관치 금융이 판을 치게 되었다. 은행장의 목을 쥐고 있는 정부 실세와 자본이 부족하여 대출이 필요한 재벌 회장들의 결탁은 필연적이다 못해 운명적이었다.

여기서 정경 유착과 부정부패는 전성기를 맞이하여 이제 정치인들의 부패는 신문기사 거리도 되지 못하게 된 것이다. 한국의 부정부패 정경 유착은 이러한 사회 지배 구조의 문제이지 도덕적인 문제가 아닌 것이다. 지금까지 우리는 이 부정부패를 지배 구조의 개혁 없이 도덕적으로 해결하려고 했기 때문에 번번히 실패했던 것이다. 부정부패는 돈 때문에 일어나는 문제이니 만큼 돈으로 해결해야 한다. 돈이 없어서 일어나는 부정부패를 도덕으로 해결하려 한다는 것은 목이 마른 사람에게 빵을 주어 해결하려는 것과 다를 바가 없는 그릇된 처사인 것이다.

따라서 부정부패를 막으려고 하면 공무원의 봉급을 대폭 인상하고 기업들의 자본 축적이 되어있어야 하며 정부의 인허가 권한이 명백히 문서화 되어야 한다. 실제로 싱가포르나 대만은 공무원의 봉급을 많이 주자 부정부패가 깨끗이 사라졌다. 그들도 우리와 같은 동양인이지만 공무원의 청렴도가 상당한 수준인 것이다. 돈 문제로 야기되는 부정부패의 유일한 해결책은 바로 돈인 것이다. 거기에 더하여 정치권력을 통제할 수 있는 확실한 사회제도가 뒷받침되어야 한다.

이와 반대로 돈 보다는 도덕으로 해결해야 하는 범죄는 폭행, 강도, 마약, 강간 등이다.

동양 사회에 부정부패가 심하다고 하지만 이것은 국가 시스템의 문제이지 도덕적인 문제가 아닌 것이다. 동양 사회가 마약과 폭력, 섹스(Sex)로 얼룩진 서구 사회보다 도덕적으로 더 타락했다고 볼 수 만은 없는 것이다.

한국 사회에 부정부패가 많은 것도 국가 시스템을 잘못 만든 위정자들의 책임이지 국민 전체의 도덕적 문제만은 아닌 것이다.

한국의 위정자들은 법을 엉성하게 만들어 코에 걸면 코걸이 귀에 걸면 귀걸이가 되도록 만들어 놓았다. 이렇게 되어 대통령의 재량권만 무한정 커졌고, 야당 국회 의원이 함부로 집권 여당의 총재인 대통령을 비난하다가는 교도소로 직행할 수도 있다.

이러한 현실에서 정치적 정의와 양심은 한국에서는 찾아보기 힘들게 되었다.

미국의 한 기자가 카터 대통령에게 정치의 목표가 무엇인지 질문을 했다. 카터 대통령은 이 질문에 대해 '정치의 목적은 이 죄 많은 세상에 정의를 실현시키는 것입니다.' 라고 대답했다.

한국 정치를 돌이켜보면 얼마나 많은 한국의 정치인들이 이러한 목적을 위해서 정치를 했는지 의심스럽다. 우리 사회의 문제는 권력층, 더 엄격히 말해서 대통령의 문제인 것이다.

아무리 밑에서 잘해도 최고위층이 잘못하면 그 나라는 바르게 될 수가 없다. 일반 국민들이 아무리 지역 감정을 없애려고 해도 대통령이 지역 감정을 부추기면 아무런 효과가 없는 것과 마찬가지 인 것이다.

제사상이 변할 때 3김 시대는 청산된다

> "
> 김치나 고춧가루가 우리 식사에 필수적인 지금도 제사상에는 여전히 고춧가루를 사용하지 않는 이유는 무엇일까? 이것은 한 번 정해지면 바꿀 줄 모르는 우리 한국인들의 속성 때문이다. 우리가 우리제사상을 고춧가루가 들어간 음식으로 바꿀 수 있을 때 3김씨 등 구정치인들도 바뀌지 않을까 생각된다.
> "

고추는 고구마, 담배와 더불어 임진왜란 때 일본을 거쳐 우리 나라에 들어왔다.

기록에 의하면 임진왜란 당시 왜병들은 군사적 목적으로 고춧가루를 사용했다고 한다. 왜병들이 조선군과 싸우다가 불리해지면 갑자기 고춧가루를 얼굴에 뿌려 정신을 못차리게 한 후 다시 반격을 하였다고 한 기록이 있다. 따라서 조선군은 왜병에게 가까이 갈때는 항상 조심을 했다고 한다. 어쨌든 고추가 임진왜란 때 일본을 통해서 한반도에 도입된 것은 사실이다.

임진왜란 전에는 우리 나라 음식에 고추가 사용되지 않았음은 너무나 당연한 이야기다. 두말할 것도 없이 고추가 없었던 조선 초기 제사 규범이 만들어질 때는 당연히 고춧가루가 안 들어간 음식만 제사 메뉴로 채택 되었다. 당시에 사람들은 고추라는 것이 아예 없었으니 살아 생전에 고추를 먹지도 않았고 당연히 제삿상에도 고추가 올라가지 않았었다.

우리가 지내는 제사의 근본 원리는 죽은 조상의 영혼이 와서 음식을 먹고 간다는 것이다. 그런데 지금도 제사를 지낼 때 고춧가루는 전혀 안 쓴다는 것은 모순된 처사인 것이다.

지금 시대에 사는 사람들은 김치나 고추장을 먹고 사는데 죽고나서 후손들이 주는 제삿상을 받으니 갑자기 김치, 고추장이 없다면 그 조상님도 식사하기가 곤란할 것이다.

옛날에는 한국인들이 고추를 안 먹었기 때문에 제삿상에 고춧가루를 사용하지 않았는데 김치나 고춧가루가 우리 식사에 필수적인 지금도 제삿상에는 여전히 고춧가루를 사용하지 않는 이유는 무엇일까? 이것은 한 번 정해지면 바꿀 줄 모르는 한국인들의 속성 때문이다.

우리는 우리 사회에서 쓰이고 있는 일본말을 찾아내서 씨를 말리려고 많은 노력을 하였고 또 상당한 성과가 있었다. '벤또' 란 말은 '도시락' 으로 완전히 바뀌었고, '시다바리', '와르바시' 란 말도 거의 사라졌다. 이렇게 일본의 흔적을 없앤다고 야단 법석이지만 그렇게 할 수 없는 것도 있는 것이다. 일본 사람들이 가져다 준 고추로 만들어진 김치와 고추장은 이제 도저히 없앨 수 없는 우리의 음식이 된 것이다.

또 지금와서 고추를 일본인이 갖다준 선물이라고 생각할 필요도 없다. 고추는 이제 우리 음식 문화의 일부분이 되었고, 이미 우리의 고유 음식 이라고 해도 전혀 문제가 될 것이 없다. 문화란 이렇게 여러 나라의 문화가 섞여서 하나의 문화가 되는 것이다. 그러나 우리는 반일 감정 때문에 일본의 잔재를 없앴고 또 민족 주체성을 확립한답시고 서양식을 배척하다보니 우리에게는 중국 문화의 찌꺼기만 남게 되었다.

얼마전 시민 단체들이 낙선, 낙천 운동을 한다고 시민 운동을 벌이자 일부 정치인들이 시민 단체를 홍위병이라고 지칭했다. 어느 쪽 말이 진실인지는 모르겠지만 한 가지 확실한 것은 1966년에 나타났다가 중국에서도 이미 흔적도 없이 사라진 홍위병이 현대 한국에서 다시 문제가 되고 있다는 사실이다.

문화도 중국것이 한 번 도입되면 다시는 바꿀 수 없는 것이 우리의 원칙이다. 따라서 그 다음에 더 발달된 유럽이나 일본 문화가 도입되어도 우리는 막무가내식으로 중국식만 고집하는 것이다.

정치도 3김씨가 하는 것이라고 일단 정해지면 그 사람들은 수십 년 동안 줄기차게 대통령에 출마하는 것이다. 그러다가 소 뒷걸음에 쥐 잡기로 한 번 당선되면 국민의 승리이니 민주주의의 승리니 하고 난리법석을 떨게 된다. 여기에 생각없는 보신주의 언론사들도 가세하여 한바탕 자축 잔치를 벌리고 나면, 훗날 그 부담은 모두 국민들 몫으로 돌아오는 것이다.

지역 감정과 한풀이 정신으로 당선된 것이 왜 국민의 승리인지 이해가 되지 않는다. 우리는 이렇게 한사람이 수십 년 동안 대통령에 계속 출마하는 웃기는 정치 시대를 만들어 냈다.

수천 년 전의 공자, 노자를 부활시켜 배우려는 우리 한국인들이 수십 년 전의 3김씨를 마다할 이유가 없는 것이다. 우리 사회의 선각자들은 3김 시대를 청산하고자 목청을 높였지만 그들은 아랑곳하지 않고 돌아가면서 한 번씩 대통령을 하고 있다. 고춧가루와 김치가 없는 제삿상을 고집하는 우리는 식은 피자같은 3김씨를 정치의 주역으로 떠받들게 되었다.

우리가 우리 제삿상을 고춧가루가 들어간 음식으로 바꿀 수 있을 때 3김씨 등 구정치인도 바뀌지 않을까 생각된다.

6

메이지 유신과 한 · 일 관계

- 한 · 일 민족 감정의 시발점 – 메이지 유신
- 반일 감정을 불러 온 – 메이지 유신
- 한 · 일 양국, 쇄국의 차이
- 개국 – 막부의 위기, 일본의 기회
- 보수 세력의 재반격 – 안세이 다이고꾸 (安政의 大獄事)
- 메이지 유신과 존왕양이(尊王攘夷)
- 쇄국의 실패
- 쇄국(존왕양이)에서 다시 개국으로
- 성공한 쿠데타 – 메이지 유신

한·일 민족 감정의 시발점 – 메이지 유신

> **"**
> 중국과 한국인들은 자신들보다 못하다고 생각했던 일본인들에게 메이지유신 이후부터 억압받기 시작하자 자존심이 극도로 상하게 되었다. 자존심과 체면을 중시하는 유교문화권인 한국과 중국은 이때부터 일본에 대해서 깊은 원한을 품게 된 것이다.
> **"**

현재는 한·일 양국 민족 감정이 그다지 좋은 편은 아니지만 이조 시대 때까지는 그런데로 좋은 편이었다. 그렇다면 한·일 양국 민족 감정이 나빠진 이유는 무엇일까?

일부 한국인들은 임진왜란이나 한·일 합방, 대동아 전쟁 등을 그 원인으로 거론하지만 이것 때문만은 아니다. 왜냐하면 조선과 일본은 임진왜란 이후에도 상당히 좋은 관계를 유지하고 있었기 때문이었다.

임진왜란 이후에도 조선은 일본과 정기적으로 사신을 교환하는 유일한 국가였으며 일본의 도쿠가와 막부는 조선은 신의의 나라라고 하면서 조선 통신사를 거국적으로 환대하였었다.

조선 역시 임진왜란을 일으킨 토요토미 히데요시 가문을 격파

통신사 행렬도

하고 쇼군이 된 도쿠가와 가문에 대해서 호의적이었다.

조선인들의 불구 대천의 원수 도요토미 가문을 멸망시킨 도쿠 가와 이에야스는 당연히 조선 조정의 환영을 받았었다.

조선과 일본의 우호적인 관계는 지속되었고, 일본의 쇼군이 바뀌거나 조선의 왕이 바뀌면 서로 통신사를 교환 하였고, 또 필요에 따라서 수시로 통신사를 교환하였다.

임진왜란 이전에 조선측 사신은 5회, 일본측 사신은 60여 회에 걸쳐 조선을 방문했다. 조선에 크나큰 상처를 안겨준 임진왜란이 끝난 후인 1607년 부터 1811년 사이에 조선은 무려 12회에 걸쳐 통신사를 일본으로 보냈었다. 임진왜란이 끝난 후에도 12회에 걸쳐 조선 통신사가 일본을 방문했다는 것은 한 · 일 양국간에 선린 관계가 유지되었다는 것을 의미하며, 한 · 일 관계의 악화가 전적으로 임진왜란 때문만은 아니라는 것을 강력히 시사해 주는 것이다.

한 · 일 합방이나 대동아 전쟁도 한 · 일 관계 악화의 한 원인이긴 하지만 이것 만으로는 설명이 되지 않는다.

대만, 말레이시아, 필리핀, 인도네시아도 대동아 전쟁 중 일본에 점령 당하긴 했지만, 이들은 한국인들처럼 일본에 대해서 나쁜 감정을 갖고 있지는 않기 때문이다. 오히려 동남아 국가들은 상당히 친일적이며 말레이시아의 마하티르 총리는 일본이 더이상 과거사를 사과할 필요가 없다고도 주장한다.

한 · 일 합방도 현재 한국인들이 생각하듯이 한 · 일 관계에 그렇게 부정적인 영향을 끼친 것은 아니었다. 한 · 일 합방으로 조선의 지배층인 양반과 사대부들은 피해를 보았지만 피지배 민중인 노비나 상민들은 신분 차별이 철폐되어 오히려 더 좋아진 면도 있었기 때문이었다. 특히 짐승보다도 못한 취급을 받으며 상전의 말 한마디에 생사가 좌우되던 노비들에게 한 · 일 합방은 곧 해방을 의미했으며, 대정 시대(다이쇼 디모크라시)에는 한국인들의 생활 수준이 한 · 일 합방 이전보다 더 향상되었다는 기록도 있다. 한가지 분명한 것은 한 · 일 합방이 없었다면 조선에서 양반과 상민, 노비의 신분 차별은 상당기간 존속되었을 것이라는 것이다.

조선의 지배층은 한 · 일 합방을 극도로 싫어했지만 상민이나 노비들은 이 사태에 대하여 극렬히 저항하지는 않았었다.

그리고 한반도에 대한 일제 36년 통치는 엄청난 수의 친일파의 협조 없이는 불가능했다는 것이 많은 세계 역사학자들의 공통된 생각이다. 그 당시 한국의 많은 친일파들이 일제의 통치에 협조한 것은 자신들의 이익 때문이었을 것이다.

따라서 한·일 합방이 한국 국민 모두에게 피해를 주었다고 할 수는 없는 것이다. 상당히 많은 지식인들이 일제에 협조를 하였고 또 이들의 행동을 일방적으로 나쁘다고만 볼 수는 없기 때문이다. 그렇다면 '조선과 일본의 국민 감정이 극도로 나빠진 원인은 무엇 때문인가?' 하는 의문이 들 것이다.

프랑스의 정치학자 카를린 포스텔 비네는 '일본과 신 아시아'란 책에서 임진왜란, 한·일 합방, 대동아 전쟁 때문에 한·일 민족 감정이 나빠진 것은 아니라고 주장했다. 임진왜란, 한·일 합방, 대동아 전쟁이 한·일 민족 감정이 나빠진 이유가 아니라면 도대체 무엇 때문에 한·일 민족 감정이 나빠졌을까? 하는 의문이 생긴다.

결론부터 말하면 메이지 유신 때문이었다. 프랑스의 동북아시아 전문가인 카를린 포스텔 비네는 메이지 유신 이전까지는 한·일 양국의 민족 감정이 나쁘지 않았고, 특히 일본인들은 유신 이전에는 결코 한국인을 미워하지 않았었다고 한다. 그러다가 1868년에 일본이 메이지 유신을 단행하면서 일본은 급속도로 선진화되었다. 한국인들은 오랫동안 일본에 대해서 우월감을 갖고 있었으나 메이지 유신으로 사정이 뒤바뀌면서 있지도 않았던 과거의 영광에 대해 자부심을 갖고 있던 조선인들의 자존심은 여지 없이 깨지고 말았다.

따라서 한국인들은 자존심상 일본인들이 선진 국민이 되었다는 사실을 인정하지 않았고 일본인들의 말이라면 무조건 반대를 했던 것이다.

상투를 자르라는 단발령, 신분 차별 철폐 등 하등의 문제가 될 것이 없는 것에 대해서도 격렬하게 저항했다.

사태가 이렇게 전개되자 일본인들도 한국인을 억지나 쓰는 무식한 사람들이라고 간주하기 시작했다. 더구나 감정적인 한국인과 냉정한 일본인의 정서적인 차이도 불화를 조장시켜 나갔다.

물론 한국인을 멸시하는 분위기를 조장시킨 일본 우익 국수주의자들의 비도덕적 행동도 상당한 작용을 했었다. 어쨌든 한국인들은 메이지 유신으로 훌쩍 강대해진 일본에 대해서 자존심이 상할대로 상해 버렸다.

일본인들이 자신들을 다스린다는 사실은 한국인들로서는 참기 어려운 고통이었다. 이 고통은 훗날 원한으로 변해갔고 끝없는 적개심이 창조되었던 것이다. 그러나 동남아 국민들은 사정이 달랐다.

그들은 자신들이 원래 중국, 일본보다 낙후되어 있다고 인정을 하고 있었다. 따라서 그들은 대동아 전쟁 중 일본인들의 지배를 자존심 상하지 않으며 인정하게 되었다. 이러한 이유로 동남아 국민들은 일본인에 대해서 별다른 적개심을 갖지 않게 되었던 것이다. 그러나 중국, 한국인들은 자신들보다 못하다고 생각했던 일본인들에게 메이지 유신 이후부터 억압을 받기 시작하자 자존심이 극도로 상하게 되었다. 자존심과 체면을 중시하는 유교 문화권인 한국과 중국은 메이지 유신 이후부터 일본에 대해서 깊은 원한을 품게 되었다.

그 후 2차 대전이 끝나고 일본인들의 과거사 문제가 대두되기 시작하자 한국인들은 당연히 일본이 과거사에 대해서 강력히 사과해야 한다고 주장했다. 그러나 일본인들의 태도는 한국인들이 보기에는 상당히 미온적이었다. 따라서 이 문제에 대한 양국민의 감정은 다시 한 번 악화되기 시작했다.

과거사 문제는 끝내 한국인과 일본인을 돌이킬 수 없는 적대 관계로 몰고 가고 말았다. 이따금씩 돌출되는 일본 우익 분자들의 망언도 한 원인이 되고 있지만, 보다 근본적인 문제는 한·일 양국민의 정서적인 차이에서 유래된다고 보여진다. 일본인들은 지나간 과거를 별로 중요하게 생각하지 않지만 한국인들은 과거 문제를 매우 중요하게 생각한다는 것이다.

그 예로 한국인들은 여자의 혼전 과거를 매우 중요하게 문제 삼지만 일본인들은 이 문제에 관하여 매우 관대한 편이다.

또 다른 한가지 이유는 언어 표현 강도의 문제이다. 한국인들은 실제 행동에 비해서 표현이 매우 과격한 편이다.

한국에서는 두 사람 사이에 말다툼이 벌어지면 격렬한 표현이 오고 간다. "너 죽을래?"는 보통이고 더 심한 표현도 사용된다. 그러나 실제로 한국인들의 행동은 그 표현보다는 상당히 온건하다. 반면 일본인들은 말은 온순하게 하지만, 그 의미는 매우 강한 편이다. 일본인들은 자신들의 천황이 한·일 과거사에 대하여 '통석의 염을 금치 못한다'고 하면 상당히 강한 사과의 뜻으로 생각한다. 그러나 한국인들은 이 정도의 표현에 만족할 수 없고 일본 천황이 직설적으로 '매우 미안하다'는 심심한 사과를 해야 한다고 주장한다.

일본인들은 이러한 한국인들의 주장을 무례하다고 생각하고 한국인들은 일본의 사과 표현이 미흡하다고 생각하여 한·일 과거사는 좀처럼 해결 되지 않고 있다. 이것은 과거 문제와 언어 표현에서 한·일 양국민이 상당한 인식의 차이를 갖고 있기 때문에 발생하는 문제인 것이다.

이외에도 2차 대전이 끝났을 때 한국은 일본에 대하여 전승국의 지위를 얻지 못했기 때문에 일본은 적극적으로 사죄할 필요가 없었던 것이다.

일본은 미국, 중국, 소련, 영국 등에 항복한 것이지 한국에 항복한 것은 아니었기 때문에 독일이 프랑스나 유태인들에게 사과하는 정도로 일본은 한국에 대하여 사과할 입장은 아니었던 것이다.

반일 감정을 불러 온 - 메이지 유신

"
일본은 전례에 따라 메이지유신으로 이제 일본을 다스리는 사람은 쇼군에서 천황으로 바뀌었다고 조선정부에 통고하였다. 중국의 황제를 모시고 있던 조선국왕은 일본조정이 중국황제와 같은 의미인 천황이란 표현을 사용한데 대해서 분개했다. 이 국서 문제는 훗날 한·일 양국 민족감정의 근본적인 원인이 된 엄청난 사건이었다.
"

1868년 메이지 유신을 이룩한 일본은 국내 정치와 경제 사정이 매우 취약한 상태였다.

일본도 중국과 마찬가지로 서구 국가들의 침략에 시달리고 있었으며, 경제적으로는 막중한 채무에 시달리고 있었다.

초기에는 상당히 허약했던 메이지 정부는 외국과의 충돌을 피하기 위해 신중하게 행동했다. 그러나 유감스럽게도 일본과 조선 관계에서 위기가 발생했다.

일본은 전례에 따라 메이지 유신으로 이제 일본을 다스리는 사람은 쇼군에서 천황(天皇)으로 바뀌었다고 조선 정부에 통고하였다.

일본이 조선에 보낸 국서의 내용 중 일본이 조선의 국왕보다 한 수 위인 천황이란 표현을 사용한 것이 문제가 되었다. 그 이전에는 쇼군의 이름으로 조선 국왕에게 국서를 보냈기 때문에 별다른 문제가 없었지만, 이제 국서에 천황(天皇)이 정식으로 등장하자 한·일 간에 외교적인 문제가 발생하기 시작했던 것이다.

중국의 황제를 모시고 있던 조선 국왕은 일본 조정이 중국 황제와 같은 의미인 천황이란 표현을 사용한데 대해서 분개했다.

천황이란 표현이 들어간 일본의 국서를 접수한 조선 조정은 극도로 흥분하여 이성을 잃고 말았다. 사실 이 국서 문제는 외교상의 실리나 정치적인 의미가 없는 아무것도 아닌 문제였다. 따라서 이 문제는 크게 확대되지 않을 수도 있었고 또 확대해야 할 아무런 이유도 없는 문제였다.

유럽에서도 프랑스나 영국은 왕(King)이었고 독일과 러시아는 황제였다. 독일 국민들이 그들의 왕을 황제라고 부른다고 해서 영국인들이 분개할 이유는 없는 것이다. 또 독일 황제가 영국 여왕에게 국서를 보낸다고 해서 영국여왕이 불쾌하게 생각할 이유가 없는 것이다. 그러나 이 당시 한국인들은 자존심이 상하면 참지 못하는 취약점을 갖고 있었다. 간단히 말해서 서양인들처럼 합리적인 실리를 따지기 보다는 형식과 체면에 얽매여 있었던 것이다.

이 국서 문제는 훗날 한·일 양국의 민족 감정의 근본적인 원인이 된 엄청난 사건이었다. 한국인들은 자신들보다 못하다고 생각한 일본인들의 발전을 인정할 수 없었다. 한국인들의 이러한 생각은 시대에 뒤떨어진 면이 있었고 일본인들 역시 오랜 우방인 조선에 대해서 이런 식으로 무례하게 행동해서는 안 되었던 것이다. 일본을 인정하지 않은 한국이나 한국을 경멸하는 일본인들 양쪽 모두 문제가 있기는 마찬가지였다. 쌍방 서로 대화의 파트너로 인정을 하지 않았기 때문에 발전적인 성숙된 대화를 가질 수 없었다.

이 국서 문제를 자세히 연구해 보면 일본을 배우겠다는 한국인들의 진지한 자세나 한국을 이해하고 포용하겠다는 일본인들의 아량은 찾아 볼 수 없었다. 포용력과 아량이 없었던 일본인과 현실을 인정하지 않는 편협한 한국인들의 자세는 사태를 더욱 악화시켰다. 이 국서를 본 조선 조정은 매우 분개하여 국서 접수를 거부하는 극단적인 외교적 조치를 취해 버렸다. 조선 조정이 분개한 이유는 일본이 천황이란 단어를 사용하면 일본의 최고 통치자가 조선의 국왕보다 더 우월적 지위에 있다는 의미가 되기 때문이었다. 조선 조정은 일본도 일본 국왕이라고 표기할 것을 주장했지만 일본은 당치도 않은 주장이라며 일축했다.

조선은 청나라 황제의 속국이기 때문에 왕으로 표시해야 하지만 일본은 청나라와 대등한 독립국이므로 일본 국왕으로 부를 이유가 없으며 천황이란 표현은 일본인들이 옛날부터 쓰던 고유명사라는 주장이었다.

조선 조정의 태도는 현실적으로 보면 무리한 처사였고 일본으로서는 조선 조정이 이렇게 경솔하게 판단하고 행동하여 오히려 일본의 함정에 말려 들기를 기다렸던 것이다.

조선을 침략할 핑계만 찾고 있던 일본으로서는 조선 조정이 이런 식으로 강경하게 나오자 오히려 일이 훨씬 쉬워지게 되었던 것이다.

당시 일본 내에서는 정한론자들과 조선과의 전쟁을 반대하는 인사들로 여론이 양분되어 있었지만 조선 조정의 강경한 태도로 인하여 정한론자들의 입지가 강화되었고, 이는 결과적으로 조선의 운명에 치명적인 영향을 미치게 되었다.

국서를 거부한 조선 조정의 이런 무례한 태도에 대하여 1873년경에 일본 국내에서 정한론(征韓論)이 대두되기 시작했다.

이 정한론자들의 지도자는 메이지 유신 삼걸 중 하나인 사이고 다카모리였다(유신 삼걸 : 기도 고인, 오쿠보 도시미치, 사이고 다카모리).

일본 내에서 조선 조정의 태도가 무례하다고 본 이론적 근거는 1871년 청·일 수호 조약 때문이었다.

이 조약에서 일본과 청나라는 대등한 관계에 있다고 분명히 표시되어 있었기 때문이었다.

이 상황에서 일본이 청나라처럼 조선에 대하여 상전노릇을 하겠다는 것도 아니고, 단지 천황이 등극했다고 통지만 했는데도 조선 조정이 일본 국서의 접수를 거부한 것은 일본을 모독했다는 것이 일본인들의 생각이었다. 따라서 일본인들도 분개했다.

조선은 일본의 인접 국가로서 일본의 새로운 정부인 메이지 정부의 탄생에 축하는 못해줄 망정 국서를 거부하다니 될 말인가?

조선의 국서 거부에 대해 일본인들은 조선인들이 이웃집 잔치에 축하를 거부하고 모독을 하는 무례한 행동을 했다고 생각하였던 것이다. 그러나 사이고 다카모리의 정한론은 일본 국내에서 오쿠보 도시미치 등의 반대파들에 의하여 좌절되었다.

대신 일본은 타이완을 정벌하기로 결정하고 타이완을 점령하여 식민지로 삼았다. 정한론에 반대한 일본인들의 주장은 다음과 같았다.

오쿠보 도시미치와 기도 고인은 현 상황에서 조선과 전쟁을 하다가는 서양 열강들에게 두 나라 모두 침략을 받을 가능성이 있다고 주장했다. 결국 사이고 다카모리와 오쿠보 도시미치, 기도 고인 사이에 권력 투쟁이 일어나 사이고 다카모리는 실각하였다. 따라서 정한론은 이제 당분간 연기 되었고, 일본정치인들의 주 관심은 다시 일본 국내 개혁에 초점이 맞추어 졌다.

그러나 안타깝게도 조선 조정은 이러한 사실을 잘 모르고 있었다. 사실 이제까지 조선이 일본과 대등한 관계에 있을 수 있었던 것은 두 나라가 국력이 비슷해서가 아니었다. 조선은 청나라의 속국이었기 때문에 조선과 일본의 전쟁은 곧 청나라와 일본의 전쟁을 의미했다. 일본은 중국과의 전쟁을 감당할 수 없었기 때문에 조선을 침략할 수 없었던 것이었다. 이러한 이유 외에도 도쿠가와 막부의 쇼군이 조선 통신사에게 칙사 대접을 한 데는 또 다른 이유가 있었다.

쇼군이 조선 정부 사신의 예방을 받는다는 것은 쇼군이 명실상부하게 일본의 대표라는 뜻이 되기 때문이었다. 쇼군은 실제 일본의 왕이 아니었고 단지 많은 다이묘 중 제일 강한 다이묘가 무력으로 막부를 건설하여 스스로 쇼군이라 칭하는 것에 불과했다. 물론 쇼군은 천황의 임명을 받기는 했지만 이것은 형식적인 것에 지나지 않았다.

쇼군이 비록 무사 집단의 정부인 막부의 최고 수령이기는 했지만 일본 전국토의 2/3정도가 쇼군의 직할지가 아니었다. 일본의 많은 지역을 도자마 다이묘라는 쇼군에 대한 충성심이 극히 의심

아편전쟁

되는 쇼군의 부하들이 다스리고 있는 형편이었다. 이러한 상황에서 쇼군이 조선 국왕과 사신을 교환한다는 것은 다른 다이묘들에게 상당한 전시 효과를 거둘 수 있었다. 즉 쇼군이 일본 내에서 무력도 가장 강하지만 외교적으로도 일본을 대표한다는 뜻이 있기 때문이었다. 따라서 쇼군은 다른 다이묘들과 자신을 차별화하기 위해서라도 조선 사신을 받아들여서 조선 국왕이 자신을 일본의 대표로 인정한다는 것을 일본의 다른 다이묘들에게 보여줄 필요가 있었다. 그러나 메이지 유신으로 천황이 일본의 새로운 통치자가 된 이상 이러한 허례허식은 필요 없어졌다.

천황이 일본을 대표하고 일본의 최고 일인자라는 사실을 의심하는 일본인은 하나도 없었기 때문에 구태여 조선으로부터 인정을 받지 않아도 되었기 때문이었다.

이러한 일본 국내 문제 외에도 조선은 종주국 청나라의 보호를

도요토미 히데요시

받고 있었기 때문에 일본은 조선에 대해서 섣불리 적대적인 행동을 할 수 없었던 것이었다.

　그 이전까지 일본이 조선을 침략하지 않은 것은 조선의 군사력 때문이 아니라 청나라의 군사력 때문이었다.

　임진왜란도 조선의 힘이 약했기 때문에 일어난 것 만은 아니었다. 그보다는 오히려 그 당시 명나라의 힘이 약했기 때문이었다. 당시에 명나라는 변방에서의 계속되는 반란과 끊임없는 외적의 침입으로 상당히 무력해져 있었다. 조선의 보호자인 명나라가 쇠퇴하는 것을 본 도요토미 히데요시는 조선 침략을 결심했던 것이었다. 만약 그 당시 명나라가 전성기였다면 일본은 임진왜란을 일으킬 엄두를 내지 못했을 것이다. 마찬가지로 메이지유신(1868년) 이후 일본이 조선 침략을 하느냐 마느냐는 청나라의 국력과 밀접한 관계가 있었다.

　이제 청나라가 아편 전쟁(1840~1842년)에서 영국에게 참패를 당하여 열강의 반식민지가 된 상황에서 일본이 조선에 대해서 조심할 이유가 없어진 것이었다.

그러나 조선 조정은 이러한 국제 정세의 변화를 깨닫지 못하고 일본을 전처럼 계속 무시하고 있었다. 이에 일본은 언젠가는 조선에 대하여 일본의 실력을 보여주려고 벼르고 있었다.

일본은 국내 개혁에 박차를 가하며 자신들의 실력을 확고히 한 후 조용히 기회를 노리고 있었던 것이다.

한·일 양국, 쇄국의 차이

"
일본의 쇄국은 막부가 외국과의 교역을 독점하여 이윤을 챙기고 외국의 정보와 신기술을 독점하는 제도였지만, 조선의 쇄국은 국가전체가 외국과 담을 쌓고 선진 서양문물을 거부하여 결국 열강의 식민지가 되었다.
"

일본은 1868년 메이지 유신(明治維新)을 단행했다. 유신이란 중국 고서에 나오는 말로써 모든 것을 새롭게 한다는 뜻이다.

1839~1842년 실력에 비해서 자존심이 너무 강했던 청나라와 영국 사이에 아편 전쟁이라는 획기적인 사건이 발생했다.

중국의 낙후된 무기 체계와 전제 군주 체제는 영국의 체제와는 상대가 되지 않았다. 예상했던 대로 청나라는 완패를 당하고 난찡(남경) 조약이 맺어져 중국은 서구 열강의 반식민지가 되었다.(1842년)

이 사건을 본 일본 조야는 깊은 충격을 받았다. 아편 전쟁에서 청국의 패배를 바라본 일본인들은 다음 차례는 자신들일 것이라는 것을 깨달았다.

나가사키 항

일본인들은 당시 도쿠가와 막부 체제로는 서구 열강의 침략을 막아낼 수 없다는 사실을 깨닫고, 즉시 국가 구조 조정에 착수하고 외교 방침도 급선회했다. 그 이전에 도쿠가와 막부는 일본 해안에 외국 선박(흑선, 쿠로후네-주로 서양의 선박을 가리킨다)이 나타나면 두 번 생각하지 말고 즉시 격퇴하라는 방침(무니넹 우찌바라이 레이)을 고수하고 있었다. 그러나 청국이 서구 열강에 적대적인 행동을 하다가 곤욕을 치르는 것을 본 막부는 외국 선박이 연료와 식수 부족으로 일본에 나타나 도움을 청하면 지체 없이 연료(목재)와 식수를 제공하라고 황급히 지시했다.

그러나 이 와중에도 막부는 쇄국 정책을 포기하지 않았다.

여기서 우리는 일본 막부의 쇄국은 조선의 쇄국과는 근본적으로 다르다는 것을 알아야 한다. 쇄국하에서도 막부는 1,600년 경에 나카사키 앞 바다에 면적 약 3,000평의 인공섬인 데지마를 만들어 네덜란드와 약 300년간 교역을 계속하고 있었다.

일본의 쇄국은 중앙 정부인 막부가 지방 정부인 각 번(우리 나라의 도 단위 행정기관) 정부에게 쇄국을 명령하여 지방 정부인 각 번들이 외국과 교역하는 것을 금지시킨 제도였다. 그러나 중앙 정부인 막부는 네덜란드와 약 300년간 교역을 계속하여 왔었다. 즉 중앙정부인 막부는 지방 정부인 모든 번에게는 외국과의 교역을 금지 시키고 막부 자신은 외국과의 교역을 독점하여 막대한 이윤을 챙기고 있었다.

일본의 쇄국은 막부가 외국과의 교역을 독점하여 이윤을 챙기고 외국의 정보와 신기술을 독점하는 제도이지 조선의 쇄국 처럼 국가 전체가 외국과 담을 쌓고 지낸 것은 아니었다. 쇄국하에서도 일본은 막부(중앙 정부)가 외국과 교역을 계속하고 있었기 때문에 영국과 네덜란드가 어떤 나라며 프랑스, 독일, 이태리가 각각 어떻게 다른지 잘 알고 있었다.

또 일본에는 네덜란드 말을 할 줄 알고, 네덜란드 서적을 해독할 수 있는 사람도 상당수가 있었다. 그들은 네덜란드와 스페인이 서로 적대 관계에 있다는 것도 알 정도로 유럽 국가의 외교 관계도 어느 정도는 알고 있었다. 유럽 전체를 막연히 서양이라고 생각한 조선과 달리 일본은 각 나라의 사정을 상당히 세밀히 알고 있었던 것이다. 따라서 일본인들은 서양의 무력이 자신들보다 월등하다는 것을 너무나 잘 알고 있었다.

1844년 네덜란드 국왕 빌헬름 2세는 막부의 쇼군에게 200여 년간의 양국 우정에 바탕을 둔 따뜻한 충고를 담은 친서를 보냈다. 네덜란드 국왕은 일본의 쇼군에게 현재의 국제 정세하에서는 쇄국은 더이상 불가능하므로 쇄국 정책의 폐기를 권고했다.

네덜란드 국왕은 현재와 같이 교통 수단이 발달한 증기선 시대에 쇄국은 더이상 불가능하며 만약 일본이 현재와 같은 쇄국정책 하에서 자칫 잘못 외국 선박을 대하다가는 중국이 당한 것 같은 중대 사태에 직면할 수 있다고 경고했다.

200여 년간에 걸친 양국의 우호 관계에 바탕을 둔 따뜻한 내용의 친서에 대하여 막부는 그 요구에 예의를 갖추어 정중하게 거절했다.

일본의 쇼군은 빌헬름 2세의 진심어린 충고에 대해서는 한없이 감사하지만 쇄국은 일본의 조법(祖法:선대 이래로 지켜져온 법)이므로 폐기할 수 없다는 정중한 내용의 답서를 보냈다.

네덜란드 국왕의 친서 사건은 일본과 네덜란드간의 양국 우호 관계만 확인한 후 아무 소득 없이 끝나고 말았다.

개국 - 막부의 위기, 일본의 기회

"

막부는 앞으로 체결해야할 통상조약이 중차대한 국가비상사태였기 때문에 단독으로 처리할 자신이 없자 관례를 깨고 천황에게 보고하고 널리 국민들에게 국가의 기본방침에 대하여 의견을 진술하라고 포고하였다. 이로 인해 막부의 독재 권위는 완전히 땅에 떨어지게 되었다.

"

1853년 6월 3일, 미국의 페리 제독이 이끄는 구로후네(흑선) 4척이 우라가 앞바다에 나타났다.

이 긴급 사태가 발생하자 우라가(도쿄 근처의 작은 어촌)에서 에도(지금의 동경)로 향하는 도로에는 파발꾼이 쉴새 없이 달리고 일본은 비상 사태에 직면했다. 이때 바람이 육지 쪽에서 바다로 역풍이 불었다고 하는데 이렇게 바람이 불면 보통의 범선은 지그재그식으로 육지로 접근해야 하지만 구로후네는 역풍을 정면으로 받으면서 직선으로 육지 쪽으로 접근하여 군함에서 나오는 연기가 선미 쪽으로 향했기 때문에 일본인들은 매우 놀랐다고 한다.

사실 이 페리 제독의 내항은 이미 네덜란드 바티비아 총독이 그전 해에 미국이 함대를 일본에 파견하여 개국을 강요할 것이라고 막부에게 알려주었기 때문에 막부로서도 전혀 뜻밖의 사건은 아

일본은 크게 홋카이도, 토호구, 호쿠리쿠, 츄부, 칸도, 칸사이, 츄코쿠, 시코쿠, 큐슈, 오키나와로 나뉘어져 있다.

니었다.

　우라가 앞바다에 갑자기 나타난 함대는 모든 포문을 열고, 미국 대통령의 국서를 접수하라고 엄숙히 요구했다. 페리 제독은 일본이 만약 국서 접수를 거부하면 즉시 싸움을 시작하여 신속하게 승부를 결정짓겠다고 위협했다. 당당한 함대를 거느리고 온 페리에게 미개한 서양 오랑캐라는 말은 당치도 않은 말이었고 오히려 '오랑캐는 일본인 자신들이 아닐까' 하는 생각이 들 정도였다. 오랑캐든 야만인이든 거함 대포를 가지고 있는 한 국서를 접수하지 않을 수 없었고, 오히려 답서의 기한을 내년까지 연기해 달라고 오랑캐에게 사정을 하는 비참한 처지가 되고 말았다.

　페리 제독은 내년 봄에 더 많은 군함을 거느리고 오겠다고 전하고는 에도만 바로 앞에 다가가서 내년 봄 전투에 대비한다며 에도

만을 측량하면서 무력 시위를 했다.

다시 오가사와라 제도로 가서 내년 전투시에 사용할 선박의 연료인 석탄을 저장할 저탄소까지 설치하고 유유히 사라졌다.

일본 조야는 충격과 두려움으로 발칵 뒤집혔다.

1854년 1월 16일, 페리 제독은 약속대로 8척(7척이라고도 함)의 군함을 이끌고 다시 에도만으로 진입해 들어 왔다.

이때 페리는 미·일간에 서로 화친하고 개항하는 정도를 요구했지 구체적인 통상을 요구한 것은 아니기 때문에 이 조약은 성립되었다. 막부가 이 정도의 조약으로 사태를 일시 종결지은 것은 불리한 상황에서 나름대로 최선을 다한 것으로 평가된다.

3월에 막부는 할 수 없이 카나가와에서 미·일 화친 조약을 맺었었는데 이 조약을 카나가와 조약이라고 한다. 이 조약에서 개항과 영사관 설치를 합의하고 일본이 앞으로 외국에 부여하는 이익은 무조건 미국에도 부여한다는 일방적인 최혜국 대우가 정해졌다.

구체적인 통상 조약이 아직 체결되지 않았기 때문에 일본은 시간적 여유가 있었고, 페리의 업적에 대해 미국 국내의 여론은 별것도 아니라는 시큰둥한 반응 정도였다. 즉 카나가와 조약은 당시 일본에게는 중대한 사건이었지만 미국인들에게는 그렇게 중요한 뉴스 꺼리가 되지 못했던 것이다. 강대국 미국에게는 별것 아닌 일이었지만 당하는 약소국 일본에게는 국가의 운명이 걸려있는 심각한 사건이었던 것이다.

이것은 현재 한·미간의 관계에서도 그대로 나타나는 현상이다. 한·미 행정 협정(S.O.F.A) 개정은 한국인들에게는 중요한 관심사이고, 국내 신문 일면 톱기사 꺼리지만 미국 언론들에게는 그리 큰 관심을 끌지 못하는 현실이나 마찬가지인 것이다.

예나 지금이나 약소국과 강대국 간의 입장 차이는 이토록 현저하며 항상 약소국만 서럽고 힘이 드는 것은 만고 불변의 진리인 것이다.

막부는 앞으로 체결해야 할 통상 조약이 중차대한 국가 비상 사태였기 때문에 이것을 막부 단독으로 처리할 자신이 없자, 관례를 깨뜨리고 천황에게 보고하고 널리 국민에게 국가의 기본 방침에 관하여 의견을 진술하라고 포고했다.

일반 민중이 국가의 방침에 관하여 의견 진술 요청을 받은 것은 일본 역사상 처음 있는 일로써 이것은 그만큼 평민의 지위가 향상되었음을 의미했다. 그러나 이로 인해 막부의 독재 권위는 완전히 땅에 떨어지게 되었다.

그렇다고 막부가 아무 것도 안 하고 세월만 보낸 것은 아니었다. 드디어 군비를 강화하기 시작했으며 1853년에는 반사로(용광로와 비슷)를 제작하여 대포의 주조에 성공하였다.

사원의 범종을 부수어 대포를 주조하기 위해 사원에 대하여 권위가 있는 천황이 영향력을 행사해 주도록 공작을 펼치고 있었다. 막부는 막정을 개혁하기 위해 로우주우(老中:한국의 정승에 해당된다.) 아베 마사히로가 네덜란드 교관을 고용하여 근대 해군학 강습을 시작했다. 각 번의 무사들도 이 교육에 합류하고 외국 서적의 번역과 서양 학문의 보급에 힘을 쓰고 있었다. 그러나 이이 나오스케 등 보수파의 반발도 만만치 않았다. 드디어 보수파와 개혁파들의 대결은 시작되었고, 그동안 쌓여 왔던 일본 국내 정치의 모든 모순점이 일순간에 폭발하기 시작했다.

막부의 정치에 참여할 수 없었던 도자마 다이묘(다이묘, 大名: 독립영지를 소유한 일본의 대영주. 일본 국내에 약 200여 명이 있었음)들은 이 절호의 기회를 놓치지 않았다.

1600년 세키가하라 전투 이후에 도쿠가와 가문의 신하가 된 도자마 다이묘들은 그들의 실력에 비해서 부당한 대우를 받아왔던 것이 사실이었다.

사쓰마, 조슈, 토사 번 등 에도(도쿄)로부터 멀리 떨어진 변방에 위치한 이들 도자마 번의 다이묘들은 이번 기회에 막부의 운영 방법을 뜯어 고치기 위해 막부에 도전하기 시작했다.

도쿠가와 가문이 일본 천하를 평정한 세키가하라 전투 이후에 도쿠가와 가문의 신하가 된 도자마 다이묘들은 도쿠가와 가문에 대한 충성심이 의심되는 관계로 수도인 에도와 멀리 떨어진 변방에 배치되어 있었다. 변두리에 위치한 그들은 자연히 정치의 중심지인 에도와 멀리 떨어져 있어 중앙의 정치에 대한 영향력이 적었고 따라서 막부의 정치에 대하여 그들은 항상 불만 상태였다. 그러나 그들은 에도 막부의 쇼군으로부터 멀리 떨어져 있었던 관계로 쇼군의 감시를 덜 받게 되어 중앙 정부인 막부의 감시를 피해가면서 그들의 무력을 증대시킬 수 있었다.

지난 삼 백년 동안 도자마 다이묘들의 실력은 증대되어 있었고, 이제는 그 힘을 보여줄 때가 된 것이었다.

사민 평등의 메이지 유신은 처음에는 이렇게 대귀족들인 다이묘들의 세력 다툼으로 시작되었다. 따라서 처음에는 평민을 위한다는 사민 평등과는 완전히 동떨어진 집권층 내부의 권력투쟁의 양상을 보여 주었다.

막부 세력은 보수파가 되었고, 도자마 다이묘들은 개혁파의 모습을 보여 주었다.

드디어 개혁파들은 목소리를 내기 시작하였다.

개혁파 세력들은 통상 조약에 조인하려면 막부 단독으로 하지 말고 천황의 재가를 받으라고 주장했다. 이것은 조약의 비준 여부를 떠나 도자마 다이묘들이 막부 정치에 참여하기 위한 구실이었다. 그러자 막부는 이이 나오스케를 다이로(大老:국가 비상 시국에만 임명되는 老中보다 한 단계 높은 지위)로 임명하고 1858년에 통상 조약을 막부 단독으로 체결한 후 개혁파들을 탄압하는 공포 정치를 시행했다.

일·미 수호 통상 항해 조약은 체결되었고, 조약의 내용은 일본에게 일방적으로 불리한 불평등 조약이었다.

조약의 내용은 영사 재판권(치외법권)의 인정, 수입품에 대한 비관세, 5개 항구의 추가 개항 등이었다. 이 조약은 만료 시한이 정해져 있지 않았기 때문에 파기하려면 상대국의 동의가 있어야 했고, 상대국이 동의하지 않으면 계속되는 불리한 조건이었다.

일본은 이제 불평등 조약으로 중국과 같은 반식민지가 될 운명에 처해졌다. 일본의 국가 위신을 떨어뜨린 이 조약에 대해서 반막부파의 일부 다이묘와 하급 무사들은 반발했다.

그들은 이이 나오스케가 신국(神國)인 일본의 권위를 추락시켰다고 공공연히 주장하다가 결국 이이 나오스케를 암살했다.

외국인들에 대한 암살도 계속되었고, 외국인들에게 협조를 해 준 일본인들에 대한 암살도 빈번하게 일어났다.

보수 세력의 재반격 –
안세이 다이고꾸(安政의 大獄事)

> ❝
> 국민의 청원을 제후가 짓밟아 버리거나, 제후는 인정하여 국왕
> 에게 청원했는데 제후자신이 처벌되는 일이 일어나면 이제 사람
> 들은 펜을 집어던지고 칼을 들고 나오게 되는 것이다.
> ❞

다이로(大老) 이이 나오스케는 1858년 미·일 수호 통상 조약을
천황의 재가 없이 막부 단독으로 처리했다. 또 개혁파와 보수
파가 서로 대립하고 있던 쇼군의 후계자 문제도 개혁파가 지지하
는 히또쯔 바시가의 요시노부를 배제하고, 요시또미(후에 이에모
찌 쇼군이 된다)로 지명하고 막부 내의 히또쯔 바시파를 모두 면
직시켰다. 이로 인해 '안세이 다이고꾸' 로 불리는 공포 정치가 실
시되었다.

이이 나오스케는 개혁파에게 다시 일격을 가하여 수 많은 개혁
파 인사들을 줄줄이 처형하기 시작했다.

조슈번 출신의 예리한 통찰력과 따뜻한 인간미를 지닌 불굴의

투사 요시다 쇼잉, 식견이 풍부하고 미래 예측 능력이 탁월한 마츠다이라 요시노가의 참모인 의사 출신의 하시모또 사나이와 우메다 운빙, 미꾸니 다이가꾸, 라이 상 쥬사브로우 등 당시 구미 선진국에 내놓아도 손색이 없었을 아까운 인재들이 모두 형장의 이슬로 사라졌다.

갑옷

의사 출신인 에치젠의 하시모또 사나이와 쌍벽을 이루는 사쓰마의 풍운아 사이고 다카모리도 관직을 잃고 고민 끝에 동료들과 함께 가고시마만에 몸을 던졌지만 그 혼자만 살아남아 훗날 유신 3걸의 한 사람이 되고 다시 서남 전쟁의 주모자가 되어 파란만장한 일생을 마감했다.

이이 나오스케의 안세이 다이고꾸(安政의 大獄事)로 인해서 이제 개혁은 청원이나 정치력으로 해결될 가능성은 사라졌고 테러와 무력에 의한 방향으로 추진될 수 밖에 없었다. 무릇 한 사회의 개혁이 성취되는 과정에서 혁명이나 폭동, 내란의 과정을 밟을 수도 있고 국민의 청원 등을 받아들여 합의에 의한 개혁이 일어날 수도 있다.

혁명은 프랑스 대혁명 등이 그 예이고, 합의에 의한 개혁은 영국의 마그나카르타(대헌장) 채택 등이 그 예이다. 그러나 혁명이나 폭동도 어느날 갑자기 일어나는 것은 아니고 처음에는 국민들이 국왕보다는 그들의 직속 상관인 제후에게 애로사항을 청원하게 되고 그 청원은 성질상 제후의 권한으로 해결해 줄 수 있는 성질의 것도 있고, 그렇지 않은 것도 있다.

국왕의 결제가 필요한 자신의 권한 밖의 청원이지만 합리적이라고 생각되어 대다수의 제후들이 왕에게 압력을 행사하여 왕의 결제를 받아내게 되면 영국의 대헌장 사건처럼 충돌 없이 개혁이 실시된다.

그러나 이렇게 해결되지 못하고 인민의 청원을 제후가 짓밟아 버리거나 제후는 인정하여 국왕에게 청원했다가 제후 자신이 처벌되는 일이 일어나면 이제 사람들은 펜을 집어던지고 칼을 들고 나오게 되는 것이다.

이 지구상에 일어난 대부분의 혁명은 처음에 지배층이 대화와 타협으로 해결을 시도했으면 얼마든지 효율적으로 타결될 수 있는 것이었으나 대부분의 청원이 합리적으로 처리되지 못했기 때문에 희생은 항상 수반되었다.

지배자 입장에서 보면 무력을 동원하여 국민의 청원을 일방적으로 진압하는 것이 성공할 확률이 매우 높았기 때문에 자존심 상하는 골치 아픈 대화와 타협보다는 손쉽고 위엄있는 무력 진압을 더 선호했던 것이다. 일본의 도쿠가와 막부도 예외는 아니었다.

메이지 유신과 존왕양이(尊王攘夷)

> 존왕양이파는 간단히 말해서 반막부파란 뜻이다. 실제로 존왕
> 양이파인 유신지사들이 집권한 메이지유신시기에도 천황의 권한
> 이 별볼일 없는 형식적이기는 막부 때와 마찬가지였고 양이는 커
> 녕 오히려 서양의 나라들과 적극적으로 교류하여 서구화를 국가
> 의 목표로 삼았었다.

요시다 쇼인(1830~1859)은 조슈번 출신의 청년 교사이자 무사
였다. 그는 사쿠마 쇼잔의 문하에서 수학했으며, 일본 테러리
스트들에게 정신적인 영향을 주어 그들을 이론적으로 무장시켰
다.

그는 일본 방위에 필요한 지식을 해외에서 습득할 목적으로 겁
도 없이 1854년 페리 제독이 일본을 위협하기 위해 몰고온 군함에
몰래 숨어 들어가서 미국으로 밀항을 시도하다가 미국측에 적발
되어 조슈번(조슈번 : 일본 혼슈의 최서북쪽인 지금의 야마구찌
현. 현재의 시모노 세키, 하기 일대 지역으로 도자마 다이묘 모리
(毛利)씨가 다스리던 일본내에서 규모가 5~6번째로 큰 번이었
다. 상비군 수가 약 1만명이나 되었다고 한다.)에 송환되어 가택

연금에 처해졌다.

가택 연금 상태에서도 가르치는 일은 허용되어 테러리스트들에게 이론적 근거를 제시해 주었다.

그는 통상 조약 체결시 천황을 협박하여 천황의 자제를 약속받은 마나베 아키가스를 암살하려다 사전에 발각되어 사형에 처해졌다(1859).

그 다음 해(1860) 사쓰마의 낭사(낭인, 주군이 없는 사무라이를 가르킨다. 떠돌이 무사지만 신분상으로는 조선의 양반에 해당된다.) 아리무라는 미토의 무사 십여 명과 합세하여 사쿠라다문에서 이이 나오스케의 목을 잘라 버리고 말았다.

이후부터 유신지사(하급 무사)들은 청원보다는 행동, 즉 암살을 통해서 막부 체제의 전복을 시도하기 시작했다. 사쓰마(지금의 가고시마 지방), 조슈(지금의 야마구치 현) 도사번의 유신지사들은 막부 타도를 위해 존왕양이(손노조이)를 슬로건으로 내걸었다

존왕은 원래 천황을 존중한다는 뜻으로 쇼군이 천황으로부터 막부를 위임받았기 때문에 막부 체제도 존중해야 한다는 막부 옹호 이론이었고, 양이는 개국에 반대한다는 정신이었다.

그러나 지금부터 존왕양이는 이러한 본래의 뜻이 아닌 막정의 개혁이냐, 보수냐 하는 것으로 변질되어 사용되었다.

존왕양이파는 간단히 말해서 반막부파란 뜻이다. 실제로 존왕양이파인 유신지사들이 집권한 메이지 유신 시기에도 천황의 권한이 별 볼일 없는 형식적이기는 막부 때와 마찬가지였고 양이는 커녕 오히려 서양의 나라들과 적극적으로 교류하여 서구화를 국가의 목표로 삼았었다.

따라서 존왕양이는 형식적인 주장이란 것을 분명히 알아야 하며 이것을 메이지 유신의 근본 취지로 오해하면 이후에 일어나는 일본 역사를 이해할 수 없게 된다. 왜 이렇게 말과 뜻이 다른가 하면 당시의 일본에서는 아직 봉건제를 전면 부정하고 민중의 힘으로 건설되는 민주국가란 개념 자체가 없었기 때문에 봉건적 막부를 타도하기 위해서 봉건적 이론을 도입하는 모순적인 주장을 하게 되었고, 그러다 보니 막부 타도를 위해서 존왕 이론이 대두된 것이다.

존왕양이는 민중 혁명의 이론을 알지 못했던 유신지사들이 막부를 반대하기 위해 궁여지책으로 개발한 대의명분용이었으며 유신지사들의 사고가 봉건적 사고 방식의 한계를 뛰어넘지 못하여 생겨난 주의였다.

사실 이 당시의 존왕은 막부 내에서 도쿠가와 가문의 쇼군이 권력을 독점하는 것을 반대하고 모든 번의 다이묘가 동등한 자격으로 다같이 막정에 참여하여 다이묘들끼리 합의하여 막부를 운영한다는 취지의 반막적(反幕的:막부의 현재 정책에 반대한다는 태도)이었지 막부 체제 자체를 부정하는 도막론(倒幕論:막부 체제를 타도하고 새로운 권력 구조를 수립하자는 주의)은 아니었다. 다시 말해서 막부는 유지하되 그 운영 방법을 변경하자는 주의였다.

쉽게 말해서 반도쿠가와주의적 성격을 띠고 있는 사상이었다. 오히려 존왕보다는 양이론이 도막의 이론적 근거를 제시하고 있었다. 막부가 개국을 했기 때문에 양이를 하기 위해서는 도막(막부 타도)을 해야한다는 이론이 나오는 것이다.

또한 존왕론이 친막부적인 본래의 뜻에서 반막부적인 성격으로 변질된 이유는 막부가 천황의 칙허 없이 조약에 조인했기 때문에 천황을 존중하지 않았다고 해서 존왕론이 막부를 공격할 이론적 근거로 이용되었다. 따라서 존왕양이파가 반막부파로 발전하게 되었던 것이다.

유신이 진행되는 동안 존왕양이파 내에는 반막부적인 세력과 도막적인 세력이 같이 뒤섞여 있었다. 사쓰마번주의 아버지인 시마즈 히사미스는 열렬한 양이주의자였지만 자신을 추대하여 막부 타도의 거사를 하려고 했던 신시찌(新七) 등이 후시미의 여인숙 테라다야에서 모임을 갖고 있다는 정보를 듣고 이들을 습격하여 모두 살해했다(테라다야 사건).

시마즈 히사미스는 양이주의자였지만 이 사람은 봉건 질서를 지키기 위한 양이주의자로서 반막부적인 영주였지 막부 타도를 주장하는 도막론자가 아니었기 때문에 신분 질서를 어지럽히는 유신지사들을 용납하지 않았던 것이다.

이처럼 같은 존왕양이주의자라 해도 그 내용은 천차만별이었고 서로 죽이는 일도 일어난 것이다.

이러한 복잡성 때문에 메이지 유신이 무엇인지를 아는 사람도 그 전개 과정을 잘 이해하기가 힘든 것이다. 또 천황도 고메이 천황과 메이지 천황은 완전히 상반된 의미를 가지고 있었다.

고메이 천황은 보수 반동의 화신이고, 메이지 천황은 개혁의 상징이었다. 확실한 증거는 없지만 고메이 천황은 존왕양이파인 유신지사들이 독살했다는 것이 거의 확실하다. 천황이 존왕양이파에게 독살당했다는 사실은 존왕양이가 단순히 천황을 존중하기 위한 것이 아니라 막부 타도를 위한 하나의 대의명분이기 때문이었다.

따라서 존왕양이파 중에서 사태의 본질을 파악하지 못하여 도막파로 전향하지 않고 끝까지 관념적인 존왕양이파로 남은 사람들은 훗날 모두 몰락하게 되는 것이다.

이렇게 유신지사들의 성격이 다양하고 근본주의가 약간씩 바뀌기 때문에 메이지 유신까지의 상황을 정확히 이해하기가 매우 어렵다. 깊이 생각하지 않으면 메이지 유신이 무엇인지도 모르게 되고 전개 과정도 이해하기 어렵기 때문에 처음부터 개념을 잘 확립하면서 접근해야 한다.

쇄국의 실패

"
시마즈는 조정에서 양이를 주장했지만 막부측의 실권자 히토
쓰바시는 양이와 쇄국은 이미 시기적으로 늦었기 때문에 돌이킬
가능성이 없다고 반대하여 친막부파인 히토쓰바시와 반막부파인
시마즈파의 대결이 시작되었다.
"

마부는 존왕양이파들의 압력과 천황의 누이동생 가즈노미야와 쇼군의 결혼 조건으로 10년 이내에 기존 조약을 파기하고 양이를 시행하기로 천황과 조정에 약속했다(조정:교토에 있는 천황 정부. 일본에는 무사 집단의 정부인 막부와 천황 중심의 공경들의 집단인 조정 정부로 이원화 되어 있었다. 유신 이전까지 조정은 형식적인 정부였고 막부가 실질적인 권한을 행사하고 있었다).

반막부적인 존왕양이 운동이 시작되자 쇼군은 천황의 여동생과 결혼하여 천황과의 관계를 돈독히 할 필요가 있었다. 쇼군이 천황의 여동생과 결혼하게 되면 존왕양이파들을 자제시킬 수 있을 것이라고 판단 되었던 것이다. 쇼군은 천황의 여동생과 결혼하기 위해 할 수 없이 천황에게 양이(외국 세력을 배척)를 하겠다고 천황

과 조정에 약속할 수밖에 없었다.

1863년 5월 10일을 시작으로 양이를 실시하겠다고 막부는 천황에게 보고했다. 이제 정치의 중심은 쇼군이 있는 에도에서 천황이 있는 교토로 옮겨졌다.

정치의 중심이 에도에서 교토로 옮겨졌다는 것은 쇼군의 힘이 상당히 약화 되었다는 의미인 것이다. 즉 이전에는 쇼군 혼자서 일본을 통치할 수 있었지만, 이 당시는 쇼군의 힘이 약화되어 다른 번들이 쇼군의 명령에 잘 복종하지 않았기 때문에 쇼군이 다른 번들의 지지를 받기 위해서는 천황의 칙허가 필요하게 되었고, 이로 인해 천황의 중요성이 부각된 것이다.

쇼군 단독으로 일본을 통치하지 못하게 되자 쇼군은 천황의 칙허를 통하여 다른 번들에게 명령하였고 이 명령을 어기는 번은 역적이 되기 때문에 막부에 반대하는 번들도 어느 정도는 이 명령에 따랐던 것이다.

유신지사들 중에 재야에서 암살과 폭력으로 자신들의 뜻을 관철시키지 않고 제도권 내에서 활약한 사람들도 있었다. 후에 유신 삼걸로 일컬어지는 사쓰마의 사이고 다카모리, 오쿠보 도시미치, 조슈의 기도 다카요시(가츠라 고고로우) 등은 제도권 내에서 활약한 대표적인 유신지사들이었다.

이들은 자신들의 번에서 요직을 차지하여 번을 장악한 다음 번의 실력으로 막부의 세력에 도전하였다.

이들은 이 방법으로 자신들의 실력을 훨씬 더 증폭시켰고 훗날 유신 정부 수립에 중요한 역할을 담당할 수 있었다.

1863년 6월 존왕양이파의 거점인 조슈번이 시모노세키 해협에서 프랑스 함대에게 포격을 가했다가 프랑스 함대의 반격을 받아 무참히 패배한 사건이 벌어졌다. 이 당시 조슈번은 기도 다카요시와 다카쓰키 신사쿠가 장악하고 있었고 다카쓰키 신사쿠는 기병대(騎兵隊)라는 평민 군대를 조직하여 군사력을 증강시켰다.

이 사건이 일어난 다음 달인 1863년 7월(양력 8월)에 영국 함대는 가고시마만(사쓰마번)을 공격하여 쌍방이 커다란 피해를 입고 서로가 승리를 주장한 사건이 발생했다.

이 사건의 시작은 사쓰마번주의 아버지인 시마즈 히사미쓰가 1862년 8월(양력 9월) 요코하마에서 나마무기촌으로 가던 중에 3명의 영국인이 말을 타고 가면서 시마즈 일행에게 길을 양보하지 않아 일어났다.

영국인들이 길을 양보하지 않자 시마즈의 호위 무사가 일본의 법에 따라 '무례한 놈'이라고 하면서 칼을 휘둘러 찰스 리처드슨을 살해하고 나머지 두 명에게 부상을 입힌 사건이 발생했다(나마무기 사건).

이 사태에 대하여 영국은 항의했고, 막부에게는 10만 파운드의 배상금을 요구했으며 사쓰마번에게는 2만 5천 파운드의 배상금과 가해자 처벌을 요구했다.

사쓰마 번과 영국간의 전투가 벌어질 긴박한 상황이 도래하자, 교토에 있던 시마즈는 급히 사쓰마번으로 돌아가 영국의 공격에 대비했고 1863년 7월(양력 8월) 영국은 7척의 함대로 사쓰마번에 공격을 개시하여 사쓰마 번의 해안 포대에 심한 타격을 주었다.

영국 해군이 배상금 대신 항구에 정박중인 사쓰마번의 기선 3척을 나포한 것까지는 좋았지만 때마침 불어온 폭풍을 이용하여 사쓰마번측이 맹공격을 가하여 영국 함대는 막대한 피해를 입었고 기함은 길을 잃고 사쓰마 포대의 연습장으로 넘어가고 말아 전투는 중단되고 영국 함대는 철수했다.

이제 사쓰마번주인 시마쓰 히사미쓰는 영국의 공격을 성공적으로 막아내어 위기를 모면하였고 다시 국내 정치에 전념할 수 있게 되었다.

이 전투의 역사적 의의는 이 전투 후에 사쓰마번은 군제를 유럽식으로 개혁해야 한다는 것을 깨달았다는 것이며 반면 영국은 사쓰마번의 군사력을 높이 평가하게 되었다는 것이다.

일본의 군사력은 비록 현대적인 무기가 없는 재래식 군대였지만 그 전투력은 상당한 수준이었다.

일본은 아편 전쟁에서 영국에게 일방적으로 패배한 청나라와는 차원이 달랐다. 이제 영국은 일본을 열강의 식민지로 만들 수 없다는 것을 알게 되었다. 따라서 영국은 유신이 진행될 때 사쓰마번과 협력하여 막부 타도에 공동 보조를 취하면서 일본 내정에 영향력을 행사하는 것으로 만족해야 했다.

이 전투는 전적으로 나마무기 사건때문에 일어난 전투였다. 이 두 사건으로 존왕양이(손노조이)파들의 사기가 올라갔다.

그들은 이 두 사건으로 의기가 양양해져 천황을 추대하여 막부 타도를 시도했지만 천황과 사쓰마번주인 시마쯔 히사미쓰는 봉건 질서를 어지럽히는 존왕양이(손노조이)파를 제거하기로 비밀리에 모의하였다.

1863년 8월 18일(양력 9월 30일) 사쓰마 부대는 아이즈 분견대와 합세하여 황거를 지키고 있던 조슈 경비대(손노조이파의 군대)

를 축출했다. 이를 기회로 각 번과 조정에서는 존왕양이파를 제거하는 보수 반동 정책으로 회귀하였다.

1863년 양력 11월 시마즈는 1만 5천 명의 대군을 이끌고 교토로 상경하여 조정을 장악했다.

시마즈는 조정에서 양이를 주장했지만 막부측의 실권자 히토쓰바시(후에 쇼군 요시노부가 됨)는 양이와 쇄국은 이미 시기적으로 늦었기 때문에 돌이킬 가능성이 없다고 주장하여 시마즈의 의견에 반대했다. 격렬한 논쟁 끝에 히토쓰바시의 의사가 관철되는 쪽으로 합의가 이루어졌다. 그러나 이 대립으로 인하여 다이묘들은 손노조이파와 친막부파로 분열되었고 이를 계기로 친막부파인 히토쓰바시파와 반막부파인 시마즈파의 대결이 시작되었다.

쇄국(존왕양이)에서 다시 개국으로

"

도막파는 양이주의를 버리고 영국과 손을 잡았고 막부는 프랑
스와 제휴했다. 존왕양이파들은 조슈정벌 사건을 계기로 존왕사
상을 버려 양이만 남게 되었지만 실제적인 필요에 의해서 양이사
상도 버리게 된 것이다.

"

1864년 8월 5일(양력 9월 15일), 영국 함대 사령관이 총사령관을 맡은 17척의 영국, 프랑스, 네덜란드, 미국의 4개국 연합 함대가 시모노세키 해협의 재개방을 요구하며 조슈번의 해안 포대를 공격했다.

조슈번은 항복하였고 배상금 등이 포함된 조약이 조인되었다.

이 사건 직전인 1864년 6월, 조슈번의 존양파들은 아직은 시기 상조라는 다카스키 신사쿠의 반대를 무릅쓰고 마끼이즈미와 쿠사카 겐즈이가 2천 명의 병력을 이끌고 교토로 진격하여 1864년 7월 19일 황거에 쳐들어갔다가 아이즈번 병사와 사이고 다카모리의 사쓰마군에게 패배한 「금문의 변」 사건이 있었다.

조슈번은 천황이 있는 황거를 공격했기 때문에 천황의 조슈번

토벌 명령이 내려졌고, 이제 조슈번은 역적이 되었으며 웅번(번은 한국의 도에 해당하는 행정 구역이며 웅번이란 세력이 매우 큰 번을 의미한다. 현대에 와서 번은 현으로 바뀌었다. 현재 일본에는 42개의 현이 있다.)들은 조슈번 토벌을 위해 오사카에 군대를 집결시켰다.(1차 조슈 정벌)

사태가 불리하다고 판단한 조슈번은 전투가 벌어지기도 전인 1865년 양력 1월 항복하여 조슈 토벌군은 전투 한 번 없이 해산했다.

이 사건으로 조슈번은 존왕양이파를 제거하여 반동파가 전권을 장악하고 금문의 변 책임자를 사형에 처하기로 하고 막부와 조정에 사죄했다.

그러나 이 항복 조건이 시행되기도 전에 조슈번의 유신지사인 키토 다카요시(가츠라 고고로우)와 다카스키 신사쿠가 1864년 12월(음력) 조슈번 내에서 반란을 일으켜 번주를 체포하고 1865년 2월에 다시 두 사람이 번의 권력을 장악하여 의사이면서 서양 군사학에 정통한 오오무라 마스지로오를 시켜 군제 개혁을 단행하여 군사력을 현대화시켰다.

이러한 반란 행위에 대해 막부와 조정은 다시 1866년 5월(양력) 2차 조슈 정벌을 단행하기로 하고 이번에는 이에모치 쇼군이 직접 지휘했다. 그러나 당시 유력한 번인 사쓰마번은 한 번 사죄한 조슈를 다시 정벌하는 것은 정도가 아니라고 주장하면서 조슈 정벌에 반대하였다.

사쓰마번의 이러한 주장은 어디까지나 대의명분용이었고, 실제 그들의 속마음은 조슈 토벌이 끝나면 다음 차례는 자신들일 것이

일본 천황의 황거

라고 생각하여 이 토벌에 가담하지 않기로 했던 것이다.

사쓰마와 조슈번은 오히려 그 이전인 1866년 정월(양력 3월)에 사쓰마 조슈 비밀 군사 동맹을 맺어 놓은 상태였다.

이 동맹은 번 전체 세력의 동맹이나 번주들의 동맹이 아니고 번 내의 특정 세력인 유신지사들의 동맹이었다. 따라서 이것을 두 번의 완전한 동맹의 개념과 혼동해서는 안 된다.

이 동맹을 중재한 사람은 도사번의 풍운아 사카모토 료오마였다.

그는 자번타번(自藩他藩), 화이내외(華夷內外) 등 봉건적 사고 방식에서 일찌감치 졸업해 있었고, 넓은 시야와 날카로운 통찰력과 시대를 뛰어넘는 예지를 갖춘 비범한 유신지사였다.

이 사람은 로맨스에도 소질이 있었던지 료오마의 연인은 일본에서 유명한 이야기로 남아 있다.

이 비밀 군사 동맹을 배경으로 조슈번은 막부측의 요구를 거절하고 일전을 불사했다.

1866년 5월, 막부는 북쪽과 서쪽 양쪽 방향에서 조슈번을 공격하기 시작했다. 막부측의 군사가 수적으로 우세했지만 조슈번은 이 수적인 열세를 질적인 우세로 커버하고 있었다.

모든 전선에서 막부군은 불리해졌고 각 번의 다이묘들로부터 나라가 위태로운 이 시점에 조슈번의 정벌에 국력을 낭비해서는 안 된다는 의견이 속출하기 시작했다.

1866년 7월(음력) 마침 쇼군 이에 모치가 사망하자 막부는 잘되었다 싶어 이 평계로 조슈 정벌을 중지한다고 발표하고 일방적으로 철수했다(1867년 양력 1월 히토쓰바시가 마지막 쇼군 요시노부가 되었다).

조슈번은 기존의 봉건적인 번주의 세력이 아닌 평민군대인 기병대와 제대 등의 군사력과 유신지사인 키토 다카요시, 다카스키 신사쿠 등의 지도로 막부의 공격을 물리쳤던 것이다.

이들은 이제 더이상 다이묘에게 의지하는 나약한 봉건제의 충신이 아닌 민중의 힘에 바탕을 둔 진정한 유신지사였다.

도막파의 유신지사들은 이제 존왕론자도 양이주의자도 아니었다. 그들은 천황의 역적이 되었기 때문에 더 이상 존왕을 들먹일 자격도 없었고 또 그렇게 할 의사도 없었다.

양이를 주장하다가는 어느 세월에 강한 군대를 육성하겠는가.

조총과 일본도에 의지하다가는 양이는 커녕 유럽의 침입자들에게 배상금이나 보태주는 것으로 끝나고 만다는 사실은 조슈번과 외국 함대의 대결에서 또 사쓰마와 영국 함대의 대결 등에서 여러 번 입증되었다.

이제 도막파는 양이주의를 버리고 영국과 손을 잡았고 막부는 프랑스와 제휴했다.

존왕양이파들은 조슈 정벌 사건을 계기로 존왕 사상을 버려 양이만 남게 되었지만 실제적인 필요에 의해서 양이 사상도 버리게 된 것이다.

이제 유신지사들은 도막파로 그 주의가 통일되었고 또 사쓰마, 조슈, 도사번의 유신지사들은 번의 경계를 뛰어넘어 자번타번 등의 고루한 봉건적 사상에서 빠져 나왔다. 비로소 다이묘들에게 의지하지 않게 되었고 고루한 존왕양이 사상을 버렸으며 자번타번(自藩他藩), 무사평민(武士平民), 화이내외(華夷內外) 등 봉건적 사상을 타파하기 시작한 것이다. 그러나 이들과 대결하고 있던 막부라고 해서 고루한 봉건주의에 집착하여 구식 제도만 고집하고 있었던 것은 아니었다.

1867년 양력 3월 쇼군 요시노부는 관료 조직을 재편하여 육군, 해군, 재정 문제, 외교를 전담하는 부서를 설치하고 프랑스식 총대(銃隊)를 대폭 확장했다. 또 프랑스 기술자들의 도움으로 요코하마에 조선소와 제철소를 건립하고 프랑스 군사 고문단의 도움으로 군제도를 현대화하기 시작했다.

성공한 쿠데타 - 메이지 유신

> 일본은 중국의 아편전쟁과 태평천국의 난을 거울삼아 외국세
> 력과 결탁하지 않고 독자적으로 메이지유신을 성공시킴으로써
> 완전한 근대주권국가로 발전할 수 있었다.

1866년 음력 12월 보수 반동의 화신 고메이 천황이 죽고 14세의 메이지 천황이 즉위했다. 이것은 도막파에게 더 없이 유리한 조건이 되었다. 조정의 보수 반동 세력의 거두가 사망한 이 기회에 유신지사들은 궁정의 공경(公卿)들을 움직여서 사쓰마와 조슈 두 번에게 막부 타도의 비밀 명령, 즉 도막의 밀칙이 떨어지도록 공작을 시도하고 있었다.

무력 도막의 준비가 진행 중인 것을 알아챈 요시노부는 천황에게 권력을 돌려주고 천황의 신하가 되면 무력 도막의 명분이 없어지므로 대정봉환을 할 의사가 있었다.

대정봉환이란 천황으로부터 위임받은 쇼군의 권한을 천황에게 되돌려주는 것을 의미하며 이러한 대정봉환(大政奉還)이 된 상태

에서 유신지사들이 막부 타도를 계속 주장하다가는 역적 누명을 뒤집어 쓸 위험이 있었다.

이 상태에서는 다른 다이묘들도 역적과 동맹을 맺어가면서까지 도막(倒幕)에 협조할 가능성이 거의 없어지기 때문에 대정봉환을 시행하면 여러 가지 조건이 쇼군에게 유리하게 전개될 가능성이 높았다.

쇼군은 도사번주 야마노우치 요오도오의 권유로 자신의 권력을 형식적으로 천황에게 넘겨주는 대정봉환을 1867년 10월 4일 천황에게 청원했다. 청원은 허락되어 10일 후 쇼군은 사임했다.

쇼군 요시노부는 대정봉환으로 일본의 내란을 막고 260만 석의 광대한 영지를 보유한 상태로 신정부에 가담하면 일본 내에서 가장 강한 군사력을 보유한 번주가 되며 또 신정부의 추밀원장으로 임명될 가능성이 있었기 때문에 자진해서 대정봉환을 청원했던 것이다.

그리고 이러한 체제는 쇼군이 아닌 다른 다이묘들의 입장에서도 자신들의 영지와 권력이 계속 유지될 수 있기 때문에 반대할 이유가 없었다. 그러나 바로 이 이유때문에 유신지사인 사이고 다카모리와 오쿠보 도시미치는 찬성할 수가 없었다.

쇼군이 위기의 순간을 대정봉환으로 모면하고 숨돌릴 시간적 여유를 가지게 되면 쇼군은 260만 석의 영지를 보유하여 일본 내에서 가장 강한 군사력을 온전히 보전할 수 있게 되는 것이다. 그리고 이 상태에서 쇼군이 추밀원장까지 맡게 되면 이 직책을 이용하여 쇼군은 다른 보수 반동파와 연합하여 보수 반동의 대 반격을 시작할 수 있으며 이렇게 되면 개혁은 완전히 물거품이 될 가능성

이 있기 때문이었다.

따라서 유신지사들은 어떤 방법을 동원해서라도 쇼군 요시노부의 영지를 몰수하고 요시노부를 정치 일선에서 제거해야만 했다. 사이고와 오쿠보는 조정에서 이 문제를 관철시키기 위해 정치적 공작을 진행시키면서 한편으로는 군대를 교토 부근으로 이동시키기 시작했다.

1867년 12월 9일(양력 1868년 1월 3일) 아침 사이고 다카모리의 군대가 궁궐을 장악하고 쿠데타에 성공했다. 반대파들을 모조리 배제시킨 가운데 유신지사들이 총재(황족 가운데서 임명), 의

정(평의회 의원, 공경과 다이묘 가운데서 임명), 참여(궁정 신하, 번의 무사 중에서 임명)로 이루어진 천황 정부를 조직 하였다.

신정부의 실권은 사이고 등 참여가 장악했고 이날 밤 총재, 의정, 참여가 모두 모인 삼직 회의에서 사이고 다카모리가 의정인 도사번 번주 야마노우치 요도의 반대를 억누르고 요시노부의 모든 권력을 박탈하고 기존 영지의 반환을 요구하는 명령을 결의했다.

이 역사적인 사건이 바로 메이지 유신이다.

권력 장악에 실패한 요시노부는 눈물을 머금고 오사카로 철수했다.

오와리와 에치젠의 번주는 요시노부가 신정부에 참여해야 하고 영지도 그대로 보유할 수 있어야 한다고 계속 탄원했지만 유신지사들이 장악하고 있는 신정부는 이 탄원을 거절했다.

요시노부는 이 결정을 받아들일 수 없었기 때문에 아이즈와 마스다이라번 등의 막부군을 지휘하여 교토로 진군했다. 신정부군도 막부를 도발하여 1868년 1월 3일 교토 교외의 도바 후시미에서 양군은 충돌했다.

막부군은 수적으로 신정부군보다 3배나 우세했지만, 막부의 농민 보병은 그들의 압제자인 막부를 위해서 싸울 의사가 전혀 없었고 일반 민중들도 신정부군을 절대적으로 지지하고 있었다. 이러한 불리한 상황에서 쇼군 요시노부의 태도도 다소 애매모호하여 싸우겠다는 태도인지 협상을 하겠다는 태도인지 명확하지 않았다고 한다.

신정부군은 신시대를 연다는 결의에 차 있었고 사민 평등의 메이지 유신은 사무라이들의 압박을 받던 일반 민중의 환영을 받았던 것이다.

이제 시대는 무사들의 시대가 아니었다.

이전의 시대에서는 민중의 의사나 농민들의 생각과 상관 없이 무사들의 뜻에 따라 전쟁이 진행되었지만, 지금부터는 민중의 지지를 받지 못하는 군대는 아무리 숫자가 많아도 무용지물이었다.

막부군이 이 전투에서 패배한 또 다른 이유는 막부측 무사들의 무능때문이었다.

오랫동안 전쟁이 없었기 때문에 무사들은 훈련을 게을리하여 전쟁 수행 능력이 심히 의심스러운 상황이었다.

일본은 도쿠가와 막부 시대 약 300년동안 평화가 지속되어 무사들의 사격, 승마 등 필수적인 전투 기술도 매우 빈약한 현실이었다.

처음 전투가 벌어지자 말들이 총소리에 놀라 날뛰자 말에서 떨어지는 무사들도 있었다. 무사의 말(馬)들도 전투 훈련이 안 되어 총소리를 듣고 날뛰었고, 무사들 역시 승마 훈련이 미숙하여 낙마를 하였던 것이다.

일반 농민들은 이 광경을 보고 한심해서 혀를 찼었다. 도바, 후시미 전투에서 병력이 세배나 우세한 막부군이 어이 없이 패배하자 요시노부는 군함을 이용하여 에도로 돌아갔다.

조정은 요시노부를 역적으로 선언했다. 3년 전 조슈번이 역적으로 토벌 대상이었지만 지금은 요시노부가 역적이 되어 입장이 뒤바뀌었다.

요시노부는 민심이 자신을 완전히 떠났다는 것을 깨닫고 일체의 저항을 포기했으며 거의 모든 다이묘들은 신정부에 충성을 다짐했다.

1868년 4월 에도성은 신정부군에 평화적으로 인도되었고 도쿠가와의 영지는 대부분 몰수되어 요시노부는 시즈오카의 70~80만 석의 영주로 전락했다.

신정부군이 에도로 진격할 때 막부군이나 다른 다이묘들도 거의 저항을 하지 않았기 때문에 군사 행동이라기보다는 행진에 가까웠다. 그러나 아이즈번만은 신정부에 반대하여 와까마스 주위의 산악에서 6개월간 저항을 계속하여 통칭 아이즈 전쟁이라고 부르는 전투가 벌어졌지만 8월에는 아이즈번도 항복했다.

막부 해군은 에도를 탈출하여 홋카이도의 하코다테로 옮겨가서 에조시마 공화국을 세우고 에노모토를 총재로 정하여 외국으로부터도 정부로 인정을 받았으나 1869년 봄 신정부군이 총공격을 가하여 5월(양력 6월)에 항복했다. 이 전투를 하코다테 전쟁이라고 부른다.

메이지 유신은 일본 전국토를 휩쓴 내란치고는 사망자의 수가 매우 적었다. 도바 후시미의 전투, 아이즈 전쟁, 하코다테 전쟁 등의 무진 전쟁이 있기는 했지만 일본같이 무사들이 득실대는 나라의 전투치고는 규모도 크지 않았다.

이것은 내란이 시작되기 전부터 또 내란이 진행되는 동안 민중의 막부에 대한 반발이 극에 달하여 막부가 효율적으로 전투를 수행할 수 없었고 유신군이 들어오기도 전에 민중들이 먼저 막부의 관리를 내쫓아 버렸기 때문이었다.

내란이 진행되는 중에 민중이 과격해지기 시작했으며 자칫 잘

못하다가는 민중 폭동이나 민중 혁명이 일어날 가능성도 보이기 시작했다. 만약 이런 식으로 과격한 민중 혁명이 일어나면 다이묘나 쇼군도 정권의 쟁취는 커녕 생사가 위태롭게 될지도 모르는 상황이 벌어질 수 있었다.

과격 민중 혁명의 위험성은 유신 정부와 막부의 타협이 이루어지도록 쌍방에 압력을 가했고 대다수의 다이묘들은 무력 충돌보다는 평화적 합의를 원했다. 과격한 민중들 때문에 다이묘나 쇼군 등 지도층은 온건해질 수 밖에 없었다.

에도가 평화적으로 유신 정부에 인계된 또 다른 이유는 에도에서 전투가 벌어지면 바로 옆에 위치하고 있는 요코하마에서의 무역이 지장받을 것을 걱정한 영국 공사 파크스가 쇼군에게 민중 혁명의 위험성이 있다는 핑계로 저항하지 말라고 권했기 때문이었다. 물론 파크스의 말이 전혀 사실무근은 아니었지만, 파크스의 진정한 걱정은 요코하마에서의 무역이었지 일본의 파괴는 아니었다.

내란이 진행되는 동안 막부는 국내의 이권을 프랑스에 넘겨주고 그 대가로 프랑스의 원조를 받으려는 계획을 추진했지만 도막파는 이런 매국 행위는 사양했다.

도막파 역시 영국의 지지와 영국과의 무기 거래는 필요했지만 영국 정부로부터 군사 재정 원조는 받지 않았다. 영국이 도막파를 원조하겠다고 했을 때 사이고 다카모리는 '일본의 개혁은 일본인 자신이 할 일이며 외국인과 의논할 성질의 것도 아니고 그런 짓을 할 정도로 낯 두꺼운 사람은 여기에 아무도 없다.' 라고 했다고 한다.

이 말이 어느 정도 사실인지 또 사이고 다카모리를 미화하기 위해서 후세 사람들이 지어낸 이야기인지는 확실하지 않지만 당시의 유신지사들의 근본 취지와 완전히 합치되는 내용인 것은 의심의 여지가 없다.

결국 유신은 중국의 아편 전쟁에 자극을 받은 일본인들이 페리 제독의 개항을 계기로 이룩한 국가 전체의 개혁과 구조 조정이었다. 여기서 다시 중국이 태평천국의 난을 외국 세력을 빌려 진압하려다가 더 큰 화를 자초하는 것을 본 일본인들이 외국 세력의 개입을 극구 막아 결국 유신을 독자적인 근대화로 마무리지었다.

일본인들이 워낙 신속하게 메이지 유신을 성공시켰기 때문에 외세가 개입할 시간적 여유가 없었던 것이다.

아편 전쟁이 없었다면 아마도 메이지 유신은 없었을 것이며 태평천국의 난이 없었다면 유신을 성공적으로 마무리짓지 못했을 것이다.

일본은 중국이 했던 것과 정반대로 정책을 시행하여 성공을 거둘 수 있었다. 결국 중국은 일본의 반면(反面) 교사였던 것이다.

7

메이지 유신의 역사적 의의

• 메이지 유신의 손익 계산서 – 국가 개혁이 어려운 이유
• 메이지 유신의 정신
• 메이지 유신이 성공할 수 있었던 이유

메이지 유신의 손익계산서 - 국가 개혁이 어려운 이유

> 개혁을 외치면서 자신들이 이득을 볼 것이라고 기대하는 집단이 있는 한 개혁은 불가능하다. 이처럼 개혁은 특정 집단이나 일부세력의 이익이 아닌 국가의 이익과 후손의 이익을 생각하는 사고의 전환 없이 개혁은 불가능한 것이다. 개혁을 빙자하여 기존 세력을 몰아내고 새로이 집권한 집권당의 세력을 확장하려고 해서는 개혁이 성공할 리가 없는 것이다.

메이지 유신의 결과로 일본 정부는 양이주의를 버리고 적극적으로 서양 문물을 도입했으며 이러한 양이주의의 배격은 조정의 공경(公卿)들과 전통적인 무사들을 당황하게 만들었다. 그들 중 일부는 어리석게도 유신이 완수되면 유신 정부가 양이 정책을 실시할 줄 알았던 것이었다.

유신의 주동 세력들은 영주와 민중을 이간질시켜 민중이 다이묘(大名)에게 반항하면 이것을 부추겨 다이묘의 세력을 약화시킨 후 다시 민중 반란의 주동자를 처벌하여 권력을 중앙에 집중시키는 교활한 정책을 실시했다. 또 구체적인 시행 과정에서 민중의 힘을 이용하여 혁명을 진행시키다가 민중의 힘이 강해질 조짐이 보이면 다시 민중 세력을 탄압하는 이율배반적인 정책을 감행했다.

사가라 소오상의 적보대(赤報隊)의 운명은 이 정책을 너무나 적나라하게 보여주는 좋은 본보기이다.

적보대가 조세 반감령을 민중에게 퍼뜨리면서 동산도(東山道) 방면으로 진출하여 나갈 때까지는 신정부군에서 이들을 잘 이용하다가 적보대의 세력이 어느 정도 커지자 적보대는 가짜 관군이며 약탈자란 소문을 퍼뜨려 사가라 소오상 및 그 간부들을 사형에 처하고 적보대를 해산시켰다.

적보대의 구성원은 주로 농민이었으므로 농민 세력이 더 이상 커지면 신정부측이 곤란해지기 때문에 실컷 이용해 먹고 누명을 씌워 제거했던 것이다. 피해를 본 것은 비단 농민들 뿐만이 아니다.

사이고 다카모리와 오쿠보 등은 다이묘들을 속여 판적봉환을 진행시키고 다시 폐번치현(廢藩置縣)을 통해서 다이묘 세력을 완전히 무력화시켰다.

시마즈는 자신의 가신이자 중앙 정부의 관리인 오쿠보와 사이고에게 계속 속았다고 분개했지만 이때는 이미 반항할 힘의 근거를 상실한 상태였다.

도막을 하는 과정에서 중요한 역할을 했던 시마즈는 도막이 끝나자 용도 폐기 대상이 되었다. 그러나 다이묘들은 그래도 생계 걱정을 할 필요는 없었다. 정부로부터 채권 혹은 막대한 연금을 지급받아 대자본가로 변신이 가능했지만, 실제 목숨을 걸고 싸운 무사들의 처지는 더 황당해졌다.

사민 평등의 실시는 결과적으로 무사들의 모든 특권의 박탈을 의미했으며 하급 무사들에게 지급되는 녹봉은 너무 적어서 아무리 절약해도 생계를 이어가기가 힘들 지경이었다.

이들 무사(후에는 사족이라고 불림)들의 불만은 결국 1877년 폭발하여 가고시마현(사쓰마번)에서 사이고 다카모리를 지도자로 추대하고 반란을 일으켜 **세이난 전쟁**(주)이 벌어졌지만 반란군측은 민중과 결합하지 못하여 실패로 끝이 났다.

이 세이난 전쟁을 계기로 유신 정부에 대한 무사들의 반항은 막을 내리고 반정부 활동은 방법을 바꾸어 폭력 행사가 아닌 민주화 투쟁인 자유 민권 운동의 양상으로 전개되었다.

무사들은 세이난 전쟁에서 패배하자 비폭력 민주화 운동으로 방향을 바꾸었던 것이다. 이렇게 유신 정부에 반항하는 무사들은 훗날 정부 정책에 합법적으로 대항하기 위해 정당을 만들게 되었다.

지식층들인 무사들의 정당 참여로 일본의 의회주의는 어느 정도 바람직한 방향으로 발전되어 나갔다.

유신정부가 들어서자 무사들은 갑자기 필요없게 되었다. 다이묘를 호위하던 무사들과 영지를 다스리던 무사들은 졸지에 모두 직업을 잃고 실업자가 되었던 것이다.

결과적으로 무사들은 정리해고를 당한 셈이 되었고 세이난 전쟁은 이러한 실직무사(낭인)들의 폭동이었다. 그러나 대부분의 무사들은 이러한 시대의 변화에 순응하여 새로운 직업을 찾아 나섰다. 대부분의 무사들은 그들의 특기를 살려 경찰과 군인이 되었다. 사쓰마(가고시마)번 출신은 경찰의 주력이 되었고 조슈(현재의 야마구치 현, 일본 혼슈의 최서쪽 시모노세키 일대)번 출신은 군부를 장악하여 일본 정치의 고질적인 병폐인 군벌을 형성하게 되었다.

이들외에도 상당수의 무사들은 고향에 내려가서 교사가 되었다. 당시 일본 사회에서 무사들은 지식층이었기 때문에 실직한 무사들은 자연스럽게 고향사람들을 가르치는 교사가 되었던 것이었다.

많은 무사들이 일본의 교육에 참여하게 되어 일본의 교육은 군국주의적 색채를 띄게 되었다. 마찬가지로 경찰과 군부를 무사들이 장악하게 되어 비합리적인 군인정신을 강조하는 무모한 짓을 하는 집단이 되었던 것이다. 결국 유신으로 다이묘, 쇼군, 무사들은 몰락하고 천황을 신격화시켜 숭배했지만, 천황의 권력도 실속 없기는 마찬가지였고 농민들의 생활이 향상된 것도 아니었다.

근대화에 소요될 막대한 예산확보를 위해 일반 국민들에 대한 세금은 더 늘어났고 의무 교육 실시에 따라 집집마다 교육비를 부담하게 되어 국민 가계에 엄청난 고통을 주었다. 그렇다면 도대체 유신으로 이득을 본 계층은 누구인가? 결론적으로 말하면 메이지 유신으로 당장 이득을 본 계층은 거의 없었다.

극소수의 상공인들은 이득을 보았지만 대부분의 구지배층은 몰락했고 유신을 위해 목숨 걸고 싸운 무사들은 보상은 커녕 사민평등이란 이름으로 모든 특권만 박탈당했다.

결국 메이지 유신이란 국가 개혁으로 인해 일본의 전국민은 고생만 하였고 소득은 없었다.

바로 이러한 이유 때문에 국가의 개혁은 일부 기득권층과 대부분 국민들의 엄청난 저항에 부딪히고 거의 대부분의 경우에 실패로 끝나는 것이다.

개혁이 쉽고 대부분의 나라가 개혁에 성공했다면 이 지구상의 수백 개 나라 중에 선진국이 20개국만 되었겠는가.

선진국이란 수백 년간 계속적으로 개혁을 성공시킨 나라들이다. 유럽도 중세 시대 봉건제에서 중앙집권적인 절대주의로 다시 계몽 전제 군주제로 또 민중 혁명에 의한 민주주의로 개혁을 지속적으로 성공시켰다.

그에 반해 조선은 시종일관 왕에 대한 신하의 충성과 양반 상민의 신분제만 고집하던 봉건적 왕조주의에 집착하다가 끝내는 개혁에 성공한 일본의 식민지가 되고 말았다.

한편 일본의 메이지 유신으로 이익을 본 계층은 거의 없고 단지 국민의 인권이 향상되었고 앞으로 국가가 더 발전할 가능성이 있다는 것이 소득의 전부였다.

국가가 개혁을 했을 때 소득은 추상적이고 손실은 구체적이기 때문에 모든 기득권층과 대중들은 개혁을 바라지 않는 것이다.

개혁을 외치면서 자신들이 이득을 볼 것이라고 기대하는 집단이 있는 한 개혁은 불가능하다. 자신들의 이익이 아닌 국가의 이익과 후손의 이익을 생각하는 사고의 전환 없이 개혁은 불가능한 것이다. 개혁을 빙자하여 기존 세력을 몰아내고 새로이 집권한 집권당의 세력을 확장하려고 해서는 개혁이 성공할 리가 없다.

국가 개혁은 집권당이나 노동자를 위한 것도 아니며 자본가를 위한 것도 아닌 국가를 위한 것이다. 따라서 명칭도 국가 개혁, 국가 구조 조정인 것이다.

한 나라의 개혁이나 구조 조정을 실시할 때 특정 집단의 이해득실을 따진다는 것은 개혁을 하지 않겠다는 뜻이며 기득권을 지키겠다는 보수 반동 정책이다.

개혁은 현재의 희생으로 미래를 지향하는 정책이다. 따라서 현재의 인기보다 미래의 인기를 생각하는 정치인 만이 개혁을 성공시킬 수 있는 것이다. 집권층이 개혁을 한다고 요란한 소리만 낸 후 현재의 국민들의 인기에 연연한다면 그 개혁은 필연적으로 실패를 하게 되는 것이다.

다시 한 번 강조하지만 개혁은 거의 모든 계층에 구체적이고 현실적인 손실만 초래하고 추상적이고 불확실한 미래의 이익을 지향하는 황당하고 고통스런 정책이다. 이것을 감수하지 못하는 국민들의 국가는 발전할 수가 없는 것이다.

우선 먹기는 곶감이 달기 때문에 어리석은 정치인들은 개혁을 할 수 없으며 또 집권 세력을 위한 허울 뿐인 개혁은 안 하는 것만도 못한 법이다.

일본은 유신이 이룩될 때 필요했던 다이묘와 무사들의 세력을 유신이 달성된 후 즉시 제거하여 그들의 기득권 유지 정책때문에 국가가 다시 보수 반동으로 되돌아가는 것을 성공적으로 막아냈다.

※ **註 : 세이난 전쟁**

일본 정치에서 사이고 다카모리만큼 이해하기 힘든 인물도 드물다.

사쓰마번의 시마쯔 히사미쓰의 가신으로서 처음에는 주군의 뜻에 따라 도막파인 조슈의 유신지사들을 토벌했으나 후에는 오히려 유신의 주역이 되어 유신 3걸(오쿠보 도시미치, 사이고 다카모리, 기도 다카요시)의 한 사람이 되었다.

유신 후에는 무사들을 대표하여 정한론(征韓論)을 주장하다가 실각하여 고향인 사쓰마번으로 돌아가 포병 학교를 설립했다.

1877년 2월 15일, 그는 질 것을 뻔히 알았지만 자신을 추대한 무사들에 대한 의리 때문에 자신이 세운 유신 정부에 반기를 들었다. 눈 내리는 날씨에도 불구하고 규슈에서 출격을 감행했지만 결과는 역시 예상대로 패배였다.

사이고가 거병했다는 소식을 들은 당시 유신 정부의 실세인 내무상 오쿠보 도시미치는 '이제 제발 그만하지 사이고.' 라고 혼자 중얼거렸다. 오쿠보와 사이고는 죽마고우였지만 오쿠보는 사이고를 철저히 분쇄하였고 세이난 전쟁에서 패배한 사이고는 자결했다. 그러나 오쿠보라고 해서 가족들이 지켜보는 가운데 편안히 다다미 위에 누워서 죽을 수는 없었다. 오쿠보도 그 다음 해인 1878년 5월 14일 출근길에 정한파 무사들에 의해 암살당하였다. 이들은 이렇게 한 시대를 창조하고 봄바람에 흩날리는 벚꽃 처럼 사라져 갔다.

한국 사람들은 정한파인 사이고를 싫어하지만 일본인들은 냉정한 행정가 타입의 오쿠보보다는 사이고를 훨씬 더 좋아한다.

메이지 유신의 정신

"
메이지유신은 이러한 사·농·공·상의 신분차이를 타파하고 모든 국민은 법 앞에 평등하다는 사민평등정신을 실현시킨 것이다. 결국 메이지유신은 프랑스 대혁명과 영국의 산업혁명을 동시에 이룩한 국가개혁인 것이다.
"

한·일간의 사이가 나빠진 결정적인 원인은 메이지 유신 때문이었다. 따라서 앞으로 한·일 민족 감정을 극복하려면 우리는 일본의 메이지 유신이 무엇인지 이해를 하여야 한다. 메이지 유신을 모르고는 현재의 한·일 민족 감정의 실체를 알 수 없고 또 해결할 수도 없기 때문이다.

일본의 메이지 유신은 여러 가지 의미가 있는 개혁이었다. 따라서 설명하기가 상당히 복잡한 사건이었다. 그러나 메이지 유신을 쉽게 한마디로 표현하면 프랑스 대혁명과 영국의 산업 혁명을 합친 것이라고 보면 된다.

즉 메이지 유신의 핵심적인 뜻은 인권 신장과 산업 발달인 것이다. 메이지 유신 전의 도쿠가와 막부 시대에 일본은 엄격한 계급 사회였다. 사무라이, 농부, 수공업자, 상인이라는 사·농·공·상의 차별이 뚜렷한 신분 차별이 있는 봉건 제도였다.

메이지 유신은 이러한 신분 차이를 타파하고 모든 국민은 법 앞에 평등하다는 사민 평등 정신을 실현시킨 것이다. 이러한 면에서 메이지 유신은 프랑스 대혁명과 비슷한 면이 있다.

또 외국의 기계를 도입하고 구제도를 타파하여 상공업을 진흥시켰다는 점에서 영국의 산업 혁명과 일맥상통하는 면도 가지고 있다. 결국 메이지 유신은 프랑스 대혁명과 영국의 산업 혁명을 동시에 이룩한 국가 개혁이라고 생각하면 된다.

프랑스 대혁명만 해도 복잡하고 영국의 산업 혁명에 대해서도 연구할 것이 많은 것이 현실이다. 따라서 이 두 가지 사건이 동시에 진행된 메이지 유신은 그 과정과 내용은 복잡하기 이를데 없고 따라서 대부분의 한국인들은 메이지 유신의 실체를 잘 이해할 수 없게 되었던 것이다.

1868년 도쿠가와 막부를 타도하고 근대 주권 국가로 탈바꿈한 메이지 유신의 성격이 무엇인가에 대해서는 많은 종류의 표현이 있다.

유신은 일본어인데(원래는 중국 고서에서 유래된 말이다) 보통 영어로 'Meiji renewal, evolution, innovation, revolution', 또 쇼군의 지배에서 다시 왕정복고로 이어졌다고 해서 'Meiji restoration'이라고도 표현한다.

이처럼 영어 번역이 다양하다는 것은 유신의 성격이 그만큼 다양성을 가지고 있다는 뜻이 된다. 사회주의 학자들의 관점에서는 미완성의 부르조아 혁명, 일반 학자들은 봉건적 권력과 부르조아의 타협에 의한 절대주의 체제의 왕정복고 등이다.

유신을 글자 뜻대로 직역하면 모든 것을 새롭게 만든다는 뜻으로 사회의 모든 부분을 종합적으로 일신한다는 추상적인 의미이다. 유신은 혁명도 아니고 쿠데타도 아니며 합의에 의한 개혁도 아니다. 굳이 말하자면 무력을 동원한 내란의 성격과 쿠데타의 성격이 있는 혁명적 사건이며 종반에 가서는 또 합의에 의해서 결론이 나는 평범을 거부한 역사적 사건이었다.

도쿠가와 막부의 지배자이며 유신 세력과 맞서 싸운 마지막 쇼군인 도쿠가와 요시노부가 유신이 끝난 후 처형되는 것이 아니고 화족(귀족)에 임명되어 천황알현권까지 가지게 되는 복잡한 혁명적 사건이었다.

도쿠가와 막부는 봉건 체제였다. 이 체제는 일만 석 이상의 독립 영지가 있는 다이묘들이 자신들의 영지에서 자치적으로 통치를 하는 지방분권적 봉건 체제였다. 각각의 다이묘들의 영지는 소규모 정부 형태를 가지고 있었기 때문에 봉토라기보다는 작은 국가인 공국(princedome)에 가까웠다. 그러나 다이묘에 대한 쇼군의 통제력은 서양의 귀족에 대한 왕들의 통제력보다는 더 강했다.

일본 국토의 15%는 쇼군 자신의 영지였고, 쇼군의 직속 가신이 10%, 도쿠가와 방계 가문(친척)이 10%, 도쿠가와가의 가신인 150명 정도의 후타이(譜代) 다이묘가 20%, 그리고 마지막으로 100명 정도의 도자마(外樣) 다이묘가 45%를 소유하고 있었다.

도자마 다이묘는 세키가하라 전투(1600년) 이후부터 도쿠가와가의 가신이 되었던 다이묘들이다. 이들은 막부의 정치인 막정에는 참여하지 못했고 쇼군도 이들에 대해서는 천황의 명을 받아야

만 간섭할 수 있었다. 후타이 다이묘는 세키가하라 전투 이전부터 도쿠가와가의 신하였던 다이묘들이다. 일본의 전체 다이묘 수는 초기에 296명, 막부 말기에는 260명 정도였다.

최대의 번은 도자마번인 가가번으로서 100만 석 이상이었다. 1석에 인구 1명 정도라고 추산해 보면 가가번의 인구는 약 100만 명 정도라고 추측된다.

다이묘 밑에는 사무라이들이 다시 봉토를 받아 작은 지역을 나누어 다스리고 있었다. 당시 일본의 국력 평가 기준인 인구와 도시 인구를 보면 막부 시대인 1,600년 일본 인구는 1,800만 명, 다시 1,850년에는 3,000만 명으로 증가했는데 막부 초기의 도시 인구는 7%였으나 막부 말기에 가서는 16%로 증가했고, 18세기 초에도 인구 100만 명, 교토 인구 40만 명, 순수 상업 도시 오사카 인구 30만 명이었다. 참고로 당시 세계 최대의 도시 런던의 인구는 67만 4천명이었으며 파리의 인구는 19세기가 되어서야 100만 명에 도달하였다. 이러한 통계 수치는 서구 자본주의의 자극을 받기 전부터 근대적 자본주의 체제로의 진입이 가능한 단계에 도달해 있었다는 것을 명백히 보여주고 있었다.

생산이 증가하고 유통업이 발달하자 일본에서도 인플레이션 현상이 나타나기 시작했다. 이 현상은 유럽의 봉건제에서보다는 매우 늦게 나타난 현상이었다. 유럽은 이미 중세에 이러한 현상이 나타나기 시작했다.

서양의 봉건 영주들과 마찬가지로 일본의 봉건 관리들도 이러한 복잡한 경제 현상을 관리할 능력이 없었다. 따라서 17세기말 대부분의 번과 막부는 막대한 부채를 안게 되었다. 상인들은 상환

받을 가능성이 거의 없는 고요킨(御用金)이란 형식으로 막부와 번에 차용을 해 주고 대신 하급 무사와 같은 지위를 얻어냈다. 즉 막부와 번은 상인들로부터 금전을 차입하고 또 전매 사업을 일으키고 주조화폐의 질을 떨어뜨려 이 부채 문제의 해결을 시도했다.

일본의 경제는 18세기 중기 무렵부터 반세기 동안 비약적으로 발전하는 뚜렷한 증거들이 보이기 시작했다.

첫째, 유럽의 산업 혁명 정도는 아니지만 단순한 상품 생산 단계가 아닌 자본주의 생산으로 이행하려는 조짐이 보이고 있었다. 즉 견직물, 면직물, 염료, 종이, 술, 설탕, 도기 등을 이때까지는 가내공업으로 자신의 도구로 자기 집안에서 직접 생산하여 시장에 내다파는 상품 생산이었으나 이때부터는 자본가의 작업장에 다수의 임금 노동자가 모여서 제품을 생산하는 자본주의 생산 단계로 변화하기 시작했다.

19세기부터는 제품 제조 과정의 분업도 시작되어 공장제 수공업(manufacture) 단계로 접어들었다.

둘째, 전국 각지의 지역적 상호의존성이 나타나기 시작했다. 견직업(絹織業)에서 양잠, 제사(製絲), 제직(製織)의 세 공정이 지역적으로 분업이 되기 시작했던 것이다. 칸토오의 뽕나무, 센다이, 규슈, 후쿠시마 등지의 제직과 그 주변 지역의 제사업이 발달하였다.

이런 현상이 일어나기 시작하면 봉건제의 지방 분권 시대는 심한 위협을 받기 시작한다. 즉 전국적인 거래가 일어나기 때문에 지역간의 장벽은 상공인들에게 거추장스럽게 되고 완전한 중앙집권 국가의 출현을 바라는 세력들이 나타나게 되는 것이다.

따라서 이러한 현상은 막부 체제에 대한 중대한 도전이 되었다. 유럽도 이런 이유 때문에 봉건제가 무너지고 절대 왕조나 계몽 전제 군주에 의한 통일 국가가 형성되었었다.

18세기 중반부터 반세기 동안 오사카 시장에 출하된 상품의 양은 흰무명은 7배, 면화는 5배로 빠른 속도로 증가했다.

셋째, 밀무역이 시작되어 북해도에서는 러시아와, 규슈에서는 중국과 밀무역이 성행하여 막부의 쇄국 정책에 중대한 위협이 되었다.

밀무역으로 거금을 모으는 자가 나타났고 이들은 또 자연히 해운업도 겸하게 되었다. 밀무역 자체가 전체 일본 경제에서 차지하는 비중은 매우 낮았지만 공장제 수공업, 국내 시장의 지역적 상호의존성, 밀무역 등이 복합적으로 작용하여 일본은 지역 분할적인 봉건제로부터 근대 국가로 가는 길목에 서게 되었다.

메이지 유신이 성공할 수 있었던 이유

> 메이지유신이 성공할 수 있었던 이유는 일본이 대륙에서 멀리 떨어져있었고, 보기 드물게 다른 민족의 지배를 받지 않은 독립국이었으며, 지적 수준이 상당히 높았다는 점과 봉건제의 역사를 가지고 있었다는 것 때문이다.

그 대화가 성공하기 위해서는 몇 가지 조건이 필요하다. 정치적으로는 민주주의가 확립되어야 하고, 국민의 지적 수준이 높아야 하며, 개인이나 특정 집단을 위해서 존재하는 군벌이 아닌 국민과 국가를 위해 존재하는 국민군이 필요하다.

일본은 위의 조건들이 완전하지는 못했지만 어느 정도 갖추어져 메이지 유신에 성공할 수 있었다.

일본이 메이지 유신에 성공할 수 있었던 기초적인 요소는 다음과 같다.

첫째, 지리적인 조건으로써 일본은 극동에 위치하여 서양 세력으로부터 가장 멀리 떨어져 있었기 때문에 제국주의에 가장 늦게 침략을 당했다는 점이다. 이것은 일본으로서는 매우 다행스러운 일이었다. 서세동점(西勢東漸)의 세력은 서쪽에서 동쪽으로 점령해 들어갔었다. 소아시아, 아프리카 남북부, 극동 아시아, 중동아시아, 그리고 인도, 동남아시아, 중국, 극동아시아 등의 순서로 유럽의 침략이 진행될 때 극동에 위치한 일본은 가장 늦게까지 유럽 세력의 침략을 받지 않을 수 있었다.

이것은 일본에게 열강의 침략에 대처할 수 있는 시간적인 여유를 주었다. 그러나 이 시간적인 여유보다 더 중요한 것은 열강의 세력이 일본에 도착했을 때는 그들은 이미 광대한 식민지를 가진 상태였다는 사실이다. 그리고 기존 식민지를 건설한지도 꽤 오래되었기 때문에 자신들의 식민지에서 피지배 아시아 민족의 각성으로 저항이 일어나기 시작했다. 영국 식민지인 인도의 「세포이의 반란」, 중국의 「태평천국의 난」 등이었다.

가장 강력한 함대와 무역 경쟁력을 소유하고 있던 영국은 일본에 대하여 간섭할 여유가 없었다. 이것은 식민지의 사정이고 또 이때부터는 열강들 상호간에도 문제가 발생하기 시작했다.

프랑스와 영국이 식민지에서 경쟁하여 상호 견제(일본에서 프랑스는 막부를 도왔고 영국은 존왕양이파 즉 명치 세력을 도왔다) 했고, 러시아와 영국도 대립 상태였으며 미국은 후발주자로 다른 유럽 열강들을 견제하고 있었다.

일본이 미국에게 개국을 당한 것은 다행한 일이었다. 미국은 함대나 제국주의 세력면에서 영국보다 아직 약했기 때문에 일본은 덜 위협적인 존재와 만나게 된 것이었다.

그리고 일본의 지도층은 아편 전쟁을 목격하고 대오각성하여 불충분하긴 했지만 열강들의 침략에 대비하기 시작했다. 그리고 일본인들은 서양의 침략에 대하여 약간의 시간적 여유를 가질 수 있었고 그들은 이 시간을 유용하게 활용했었다.

메이지 유신이 성공할 수 있었던 둘째 요소는 일본이 전통있는 독립국이었다는 것이다. 일본은 세계 역사상 극히 드물게 타 민족에게 한 번도 점령당한 적이 없어 속국이나 식민지 경험이 없었다. 따라서 침략자가 가지고 들어온 외래 문화에 대하여 약간의 거부감은 있었지만 식민지 국민의 근성인 무조건적인 적대감은 없었다. 일본의 국수주의는 비뚤어진 국수주의가 아니었고 어느 정도는 합리적이었다.

따라서 한국과 달리 외국의 과학 기술을 배척하지 않고 오히려 적극적으로 배우기 시작했다.

일본은 독립국이었기 때문에 근대화하는 과정에서 조선과는 달리 종주국의 간섭이 없었으므로 국가 내부의 문제를 신속하고 효율적으로 처리할 수 있었다.

셋째 요인으로는 국민의 지적 수준이 서구 어느 나라에도 뒤지지 않았다는 점이다. 문자 해독율이 메이지 유신 시기에 남자 43%, 여자 15%라는 세계적인 기록이었다.

이것은 당시 선진국인 프랑스보다도 높은 비율이다. 소련과 중국은 혁명 시기에 문자 해독율이 약 15% 정도였고, 인도는 독립할 때가 되어서도 10%에 불과했다. 문자 해독, 즉 문화면에서 일본은 세계 최고 수준이었고, 프랑스 문화가 베르사이유 궁전 내의 한 줌 밖에 안 되는 소수의 귀족 문화인 반면 일본 문화는 광범위한 대다수 국민이 참여하고 있는 대중 문화였다는 강점을 가지고 있었다.

넷째로는 일본은 봉건제의 역사를 가지고 있었다는 점이다. 근대화가 되기 위해서 필수 과정인 봉건제를 일본은 옛날부터 가지고 있었기 때문에 각 방면에서 직업의 세밀한 분화가 일어났고 훌륭한 관료와 장인과 상인들이 있을 수 있었다.

일본은 철학이 없었기 때문에 비합리적이고 불필요한 문화나 체제는 즉시 폐기 처분될 수 있었다. 쓸데없이 주자학의 논쟁에 매달리지 않았고, 전통과 관습에 얽매이지 않는 일본인의 유연하고 실용적인 사고가 그들만의 문화를 만들어 내는데 일조를 했다. 물론 이것은 일본인들의 연약한 사고와 결합하여 독재 체제에 순응하는 나쁜 면이 있었던 것도 사실이지만 근대화 과정에서 도움이 된 것은 부정할 수 없는 사실이었다.

메이지라는 신정부가 들어섰을 때 많은 사무라이들이 옛 도쿠가와 가문에 대한 의리때문에 끝까지 메이지 정부에 반항했다면 유신이 이처럼 신속하게 성공하지는 못했을 것이다.

또한 일본은 봉건제였기 때문에 지배층은 무신이었고 따라서 쓸데없는 이론적 논쟁을 금지시켰다. 내우외환의 문제가 발생하자 그들은 즉시 서양의 무력과 자신들의 무력을 비교해 보았다.

중국이나 조선의 지배층은 유학자였기 때문에 서양의 우월성을 인정하지 않고 끝까지 우물 안 개구리식 논리를 전개하였고 뒤에 가서는 한 발 후퇴하여 물질적으로는 서양에 뒤져 있지만 정신적으로는 자신들이 앞서 있다고 주장했다. 이것이야말로 해변가의 강아지가 산중의 호랑이 실력을 몰라보는 꼴이었다. 이것은 조선이나 중국의 지배층이 무식해서가 아니고 오히려 유식해서 일어난 문제였다. 이들은 논쟁을 좋아했고 문제를 항상 이런 식으로 해결하는 것이 습관이었으며 또 직업이기도 했다.

아리스토텔레스와 공자가 논쟁을 벌이면 수십 년이 지나도 누가 우월한지 가리기 힘들기 때문에 이것은 공연한 시간 낭비가 되기 쉽다. 그러나 흑기사와 검객 달타냥의 대결은 길어야 한 시간 내에 결판이 나는 법이다. 자기가 더 강하다고 거짓말 한 사람은 상대방의 발 밑에 숨도 쉬지 않고 조용히 누워야 하기 때문이다.

일본의 무사들은 자신들의 무력이 서양 함대보다는 약하다는 것을 한 두 번의 전투로 깊이 깨닫게 되었다. 물론 이러한 각성은 다수의 생명과 막대한 배상금을 지불한 대가였다.

자신들이 약하다고 느꼈을 때는 무사 본연의 강해지고 싶은 욕망이 발동해서 서양을 배우기 시작했고 자신이 강해지는 것을 방해하는 자들, 즉 근대화에 반대하는 자들에게는 용서가 없었다. 또 그들은 무사였기 때문에 싸우고 싶어했고 실제로 그들은 잘 싸웠다.

그래서 서양 세력들도 적당히 위협을 하거나 약한 군사력으로는 일본을 식민지로 만들수 없다는 것을 알게 되었기 때문에 적극적인 침략보다는 적당히 이권을 챙기는 방향으로 정책이 바뀌게 되었다. 일본은 또 신분제를 철저히 철폐시키는데 성공했다. 이것은 민주주의 역사가 깊은 영국이나 프랑스보다도 오히려 더 완벽하게 이루어졌다.

일본은 쇄국 제도 아래서도 나가사키에 인공섬인 데지마를 만들어 네덜란드와 계속 교역을 했고 그로 인해 계몽된 사무라이와 민중이 생겨났고 이들은 자신들의 번에서 또 막부 정부 내에서 개혁 세력으로 자리를 잡아가고 있었다. 이들은 훗날 메이지 유신과 흑선의 내항시에 개혁의 필요성에 대한 논쟁을 사전에 차단하는 데 일조를 했다.

일본은 다른 아시아 국가와는 달리 개혁을 하느냐 마느냐 하는 것은 이미 논쟁의 대상이 아니었고 어떻게 개혁을 하느냐, 누가 주도권을 쥐고 어떤 방향으로 개혁을 하느냐 하는 것만이 문제가 되었다. 일본이 어느덧 개항이 되고 외국의 수입품이 쏟아져 들어왔지만 국내 산업은 궤멸되지 않았다.

처음에 영국의 면제품이 들어오자 일본 국내의 면제품 생산 업자는 타격을 받았지만 이에 질 리 없는 일본의 면제품 생산업자들은 값싼 수입 면사를 사용하여 가격 경쟁력을 가지고 오히려 면직물 생산을 확대시켜 나갔다.

초기에는 영국 면제품이 급격히 들어와 1874~1877년에는 국내 소비 중 외국산이 67.5%에 달했지만 1880년 이후의 면제품 수입은 급격히 떨어지다가 1890년 이후에는 오히려 면사와 면포 수출국으로 전환되었다. 이것은 메이지 유신 이래 정부와 민간이 필사적으로 수입을 막고 방직공업을 육성했기 때문에 가능했다.

견사, 차, 해산물, 피마자유, 잠란지(蠶卵紙) 등의 5대 수출품은 일본 국내 가격이 폭등하여 심한 인플레이션 현상도 일어났다. 따라서 기존 오사카의 어용 상인들은 심한 불황으로 도산했지만 지방의 중소유통업자들이 이 자리를 대신하여 유통망은 다시 재건되기 시작했다.

일본은 국제적 환경에 놀라운 적응력을 보여주었고 이것은 일본과 중국의 갈림길이었다. 일본의 유신은 무사들에 의해서 시작되었지만 그 유지와 발달에는 상공업자의 활약이 필요했다. 칼로 세운 유신을 칼만으로 지킬 수 없기 때문이었다.

일본은 유신 초기에 1천만 엔(약 220만 파운드)이라는 막대한 외채(당시 중국의 총부채는 547만 파운드)가 있었지만 일본은 이 외채를 무역 흑자와 청·일 전쟁 배상금 등으로 국제 수지의 균형을 이루어 1898년 이후로는 더 이상 외채가 늘어나지 않았다.

8

한 · 일 정치와 일본 군사 정책의 한계

- 한 · 일 정치의 구조적 약점
- 아시아 비극의 시작 – 중국의 쇄국 / 일본의 근대화
- 일본이 미국에 'No' 라고 말할 수 없게 된 이유 – 군통수권의 문제
- 일본 군사정책의 표류 – 육군과 해군의 부처 이기주의

한·일 정치의 구조적 약점

> **"**
> 보스의 지시에 따라 이리저리 몰려다니면서 자신의 자금줄의
> 이해관계를 고려하다보니 의회제도가 발달하지 못하고 사회의
> 여러 이익집단이 충돌할 때 정치인들은 법치주의의 대원칙하에
> 서 일반적인 방법으로 해결하지 못하고 흥정이나 타협에 의존,
> 사안별로 특수하게 해결하려 하기 때문에 원칙적이고 일반적인
> 기준을 확립하는데 실패했던 것이다.
> **"**

일본과 유럽은 공히 봉건제를 가지고 있었기 때문에 근대화에
상당히 유리했다. 그러나 일본 역사에는 산업 혁명과 대의 제
도(의회 제도)는 생략되어 있다. 대의 제도는 게르만족 고유의 정
치 체제인데 일본 역사에는 이것이 없었기 때문에 약간 절름발이
식 근대화가 되어 의회의 세력이 약하고 군부가 발호하는 역사적
배경이 되었다. 이 약점은 지금까지도 작용하여 일본 정치는 선진
국 중에서 가장 후진성을 띠고 있다. 일본 정치는 우아하게 표현
하면 계보 정치라고 할 수 있지만 정확하게 기술하면 금권 정치와
갈라먹기식 패거리 정치인 것이다.

보스의 지시에 따라 이리저리 몰려다니면서 자신의 자금줄의
이익을 고려하는 한심한 모습을 보이고 있다. 이 점은 한국 정치

와도 이상할 정도로 유사하다.

이러한 정치적인 약점은 일본과 한국이 국가 구조 조정을 하는데 심각한 걸림돌로 작용하고 있다. 즉 국가가 구조 조정을 하려고 하면, 어느 한 세력은 반드시 손해를 보게 되어 있기 때문에 정치인은 누가 손해를 보는 것이 합리적이며 또 국가적으로 최소의 손해인지를 판단해야 한다. 그러나 일본과 한국에서는 일차적으로 의회에서 이 사태에 대한 결정이 나기가 쉽지 않다는 것이다.

한 정책을 실시 했을 때 특정 집단이 손해를 보더라도 국가 전체에는 유익하고 또 그 집단이 손해를 볼 합리적인 이유가 있으면 이 정책을 시행하는 과정에서 어떤 희생을 치르더라도 그대로 밀고 나가야 하는데, 정치인들이 이러한 일을 기획, 실천할 능력이 모자라기 때문에 일본과 한국의 구조 조정은 쉽게 되지 못하고 있는 것이다.

유럽이나 미국은 국가의 구조 조정이 원만하고 신속하게 진행되는데 반해 일본과 한국은 잘 안 되고 있다. 그 이유는 의회 제도가 발달하지 못하여 사회의 여러 이익 집단이 충돌할 때 정치인들은 법치주의의 대원칙하에서 일반적인 방법으로 일을 해결하지 못하고 흥정이나 타협에 의존, 사안별로 특수하게 해결하여 원칙적이고 일반적인 기준을 확립하는데 실패했기 때문이다.

따라서 이익 집단들의 충돌이 발생하면 사태 해결의 일정한 기준이 없기 때문에 또 다시 처음부터 타협과 협상이 시작되어 국가적으로 손실이 큰 것이다.

예를 들어 한국의 경우에는 대형 노사 분규가 일어나면 인기를 얻으려는 정치인들의 원칙 없는 흥정과 타협으로 결론이 나고 만

190

다. 유럽은 여러 이익 집단들이 대헌장사건이나 시민 혁명 등을 통해서 군주나 지배 체제에 대하여 거세게 반항한 역사가 있었고 집권층은 이런 과격한 이익 집단들을 통제하고 조화시켜 본 경험이 있었다.

왕에게 반항하여 대헌장을 받아낸 영국의 귀족 세력과 국왕을 단두대에서 처형한 프랑스 시민들은 대단히 사나운 집단이었다. 이들을 통제해 본 경험이 있는 국가 지배층이 재벌이나 강성 노조 따위를 법정신에 입각하여 통제하지 못할 이유가 없는 것이다.

서양의 선진국들에는 쌍방타협에 의한 특수한 해결이 아닌 원칙적이고 일반적으로 일을 해결하는 법치주의가 확립되어 있다. 그러나 일본이나 한국의 집권층들은 이러한 이익 집단의 대립을 일찌기 본 적도 없었고 이들을 통제할 철학이나 능력도 없기 때문에 양국 공히 구조 조정이 지연되고 있는 것이다.

이 때문에 세계 최고의 제조업 경쟁력과 세계 최대의 외환 보유고를 자랑하는 일본이 적자 투성이인 미국 경제에 끌려 다니는 이해하지 못할 현상이 일어나고 있는 것이다.

이것은 벌어다 놓은 외화의 관리, 즉 국가 전체 부의 관리는 기업인이 할 수 있는 일이 아닌 정치인의 몫인데, 정치적 낙후성 때문에 국가 전체의 부가 원활히 운영되지 못하여 발생한 결과인 것이다.

그러나 일본 정치인들과 관료들의 지식 수준과 부패 정도는 한국보다는 훨씬 양호한 편이기 때문에 일본은 선진국 진입에 성공하였고, 한국은 IMF 사태에 직면하고 있는 듯하다.

일본의 역사 전개 과정 중에 산업 혁명이 생략되어 있지만 재래식 산업은 극도로 발달하여 재래식 생산 방법의 최고 수준인 공장제 수공업(manufacture) 단계까지 발전하여 어느 정도는 대량 생산이 가능한 상태였다. 일본 역사에서 산업 혁명이 없었던 결점은 공장제 수공업의 발달로 어느 정도는 보완할 수 있었다.

아시아 비극의 시작 -
중국의 쇄국 / 일본의 근대화

> "
> 일본이 메이지유신으로 근대화에 성공하기 이전에 중국이 먼저 중화유신으로 근대화에 성공하여 강국이 되었다면 중국을 종주국으로 받들고 있던 아시아의 여러 나라들이 자연스럽게 중국을 모방하고 중국의 지도를 받아 같이 선진화되었을 가능성이 높다.
> "

아시아의 근대 역사에서 한가지 안타까운 일이 있다. 이것은 한국 뿐만이 아닌 아시아 여러 나라의 비극의 원인이기도 하다.

일본이 메이지 유신으로 근대화에 성공하기 이전에 중국이 먼저 중화유신으로 근대화에 성공하여 강국이 되었다면 아시아의 운명이 어떻게 전개되었을까 하는 일이다.

만약 중국이 유럽의 반식민지가 되기 전에 일본처럼 유럽의 선진 문화를 자발적으로 받아들이고 그들의 체제를 정비했더라면 중국을 종주국으로 받들고 있던 아시아의 여러 나라들이 자연스럽게 중국을 모방하고 중국의 지도를 받아 같이 선진화 되었을 가능성이 높다.

이렇게 되었다면 중국은 국토가 방대하고 자원도 풍부하므로 자신들의 국가 내부 개발에 힘을 쓰기도 바쁘기 때문에 아시아의 여타 국가의 자원과 영토가 필요하지 않아 다른 나라들을 침략하지 않았을 가능성이 크다. 그리고 아시아의 거의 모든 나라들은 중국을 종주국으로 인정하는 입장이었기 때문에 전쟁을 치르지 않고도 중국은 아시아의 패권을 자연스럽게 확보했을 것이다.

역사가 이런 식으로 전개되었다면 아시아는 중국을 중심으로 단결하여 유럽 세력에 대항할 수도 있었을 것이다. 유럽이 하나의 유럽(독일어로 Europa, Eines Europa 유럽, 하나의 유럽)이 되었듯이 아시아도 중국 문화권 중심으로 하나의 아시아가 되었을 것이다.

그러나 일본이 강국이 되자 일본을 종주국으로 생각하지 않았던 모든 아시아국가들이 일본을 따르지 않았고 일본은 전쟁이란 수단으로 실력 행사를 하고 자신들의 실력에 걸맞는 대우를 요구하게 된 것이다.

일본으로서도 자신들의 실력을 몰라주니 억울한 일이었고 더구나 조선 입장에서는 자존심상 도저히 일본을 종주국으로 인정할 수 없었기 때문에 일본은 자신들의 실력을 보여줄 수 밖에 없었을 것이다. 또한 반대로 일본에 대한 조선의 태도가 중국에 대한 그것과 같았다면 일본도 구태여 청 · 일 전쟁이나 러 · 일 전쟁을 하지 않고도 조선에 진출할 수 있었을 것이다.

조선이 임진왜란시 일본의 침입을 막기 위해 중국에 병력 파견을 요청했듯이 러시아나 영 · 불의 세력 침투를 막기 위해 일본에 병력 파견이나 군사 및 정치 고문단 파견을 요청했을 가능성이 크기 때문이다. 역사가 이런 식으로 전개되었다면 한국은 자연스럽게 일본의 보호를 받게 되었을 것이고 일본도 조선에 대하여 다른 정책을 펴서 한·일 양국은 협조 체제 내지는 청나라와 조선 같은 관계로 발전했을 것이다.

사실 일본이 청·일 전쟁, 러·일 전쟁까지 해가면서 조선을 침략한 것은 공격과 수비가 복합되어 있는 복잡한 이유 때문이었다. 청·일 전쟁 때에도 이미 러시아가 개입할 위험이 있었으며 러·일 전쟁은 전세가 잘못되면 본토결전을 할 각오까지 해야 했다.

일본이 이렇게 국가의 운명을 걸고 전쟁을 한 이유를 생각해 보아야 한다. 일본은 러시아를 100% 이길 자신이 있었을까? 그것은 분명 아니었다.

실제 러·일 전쟁은 일본으로서도 어려운 전쟁이었다. 러시아는 청나라와는 달리 그렇게 호락호락하지 않았다. 개전 초부터 막대한 일본군의 전사자 수에 일본군 수뇌부는 경악했다. 일본 수뇌부는 어차피 조선이 독립을 유지할 능력이 없으며 만약 이때 한반도가 러시아의 수중에 넘어가게 되면 그들은 더 힘겨운 전쟁을 해야 하기 때문에 예방 전쟁 차원에서 전쟁을 했던 면도 있었다.

일본으로서는 조선이 러시아 수중에 넘어가면 러시아로부터 일본 열도를 수비하기가 곤란해지기 때문에 차후 러시아가 일본에 대하여 무리한 요구를 해와도 일본은 치욕적으로 수락할 수 밖에 없다고 생각한 것이다. 일본 군부와 정치인들은 차라리 이런 사태가 오기 전에 일전을 벌이는 것이 더 낫다고 생각한 것이다.

일본이 미국에 'No'라고 말할 수 없게 된 이유 – 군통수권의 문제

> "
>
> 러 · 일전쟁에서 승리하자 지나치게 교만해진 일본군부, 특히 관동군은 외교적인 문제를 고려하지 않고 중국을 침략하여 일본이 세계열강(영국, 미국, 프랑스)들과 적대관계에 놓이게 되었고, 결국 일본군부의 무모한 군사행동으로 일본은 미국에게 점령당하게 되었고 미국은 이 기회에 일본을 군사적인 속국으로 만들었던 것이다.
>
> "

러 · 일 전쟁은 일본의 승리로 끝이 났고, 일본은 을사 보호 조약으로 조선을 장악했다.

그러나 일본은 러 · 일 전쟁 이후 국가 시책의 중대한 착오로 인해 미국에 대해 'No'라고 말할 수 없는 저자세적인 외교를 할 수밖에 없는 2등 국가로 전락하고 말았다.

일본이 미국이나 소련과 대등한 위치를 갖지 못하고 미국 핵우산의 보호를 받는, 자주 국방을 하지 못하게 된 데는 여러 가지 이유가 있었겠지만 러 · 일 전쟁 승리 이후 지나치게 교만해진 군부 특히 관동군의 독자적인 군사 행동이 주된 이유였다.

관동군은 외교적인 문제를 고려하지 않고 중국을 침략하여 일본이 전 세계 열강(영국, 미국, 프랑스)들과 적대관계에 놓이게 되도록 만들었다. 결국 이러한 국제 역학 구도 하에서 독일과 영국의 대립으로 2차 세계대전이 일어났고 일본은 자의반 타의반으로이 전쟁에 미국과 적대관계의 입장으로 휩쓸려 들어가고 말았다.결국 일본 군부의 무모한 군사행동으로 일본은 미군에게 점령당하게 되었고 미국은 이 기회에 일본을 군사적으로 완전히 자신들의 속국으로 만들었던 것이다.

관동군이라면 관동군이란 이름에 걸맞게 산해관 동쪽에 있어야지 만리장성을 넘어 산해관 서쪽으로 진군하면 그 이름에도 어울리지 않는 일이었다.

일본군은 구조적으로 군통수권에 문제가 있었다. 야마가타 수상(조슈번 유신지사로 평민들의 군대인 기병대를 조직하여 막부타도를 위해 투쟁했던 약간 과격한 인사였다.)은 1900년 4월에 육해군 대신과 차관을 현역 장성 가운데서 임명하기로 법을 개정했다. 그 전까지는 예비역이라도 상관 없었지만 이때부터 아예 법적제도적으로 군부의 특권을 보장해 주었다.

이 제도는 해군 군령부와 육군 참모 본부의 군통수권자가 천황에게 직접 상주(上奏)할 권리와 함께 군통수권을 내각으로부터 완전히 독립시켜 놓았다. 이것은 훗날 다시 개정되어 예비역도 대신에 임명될 수 있도록 개정되었지만 만주 조선의 경영과 중국 침략이 국책 사업이었으므로 이러한 국책 사업을 수행하는 군부가 일본 내정에 간섭하는 것은 당연한 현상이 되고 말았다.

군통수권은 천황 직속이기 때문에 군부는 내각(정부)의 통제를받을 필요가 없었다. 천황의 군통수권 행사는 어디까지나 형식적이었고 거의 사용된 적이 없었기 때문에 결론적으로 군부는 누구의 간섭도 받지 않고 자기 마음대로 행동할 수 있었다.

이보다 더 심각한 문제는 군부의 동의 없이는 조각(組閣) 자체가 불가능하다는 모순이었다. 예를 들어 카츠라 수상이 집권하고 있다고 할 때, 쓰기야마 육상(陸相)이 사임을 하면 후임 육상을 수상이 지명해야 한다. 하지만 육군 현역 장성 중에서 임명해야 하는 데다가 그것도 별이 보통 네 개는 기본이고 특별한 경우라고 하더라도 최하 세 개는 되어야 하니 대상 인물이 극소수가 될 수밖에 없었고 이들도 육군 참모 총장의 부하인 관계로 군부에서 반대하면 육상으로 입각할 수도 없었다.

따라서 육군이 육상의 천거를 거부하면 카츠라 수상은 조각을 할 수 없어 수상직을 사임하고 다른 대신들도 총 사직하여 내각을 새로 구성해야 하는 어이 없는 일이 벌어지게 되는 것이다.

즉 육군이나 해군의 반대가 있으면 내각이 총 사직을 해야 하는 군부의 우월권이 제도적으로 확립되어 있었던 것이다.

이러한 이유로 군은 내각의 간섭 없이 자신들 의도대로 행동하게 되었고 군에 관계되는 문제에 대해서 군은 내각의 위에 존재했던 것이다. 즉 정치적 차원에서 이루어질 정책 결정을 군부가 하게 되니 정부 내의 많은 유능한 전문 인력은 국정에 참여 할 수가 없었다.

예를 들어 만주에서 전쟁을 계속 해야 할 것인가의 여부는 정치가와 외교관들이 군의 자문을 받아 결정해야 하는데 군부가 결정하고 외교관과 정치가들은 자문을 하는 입장으로 바뀌었다. 사정이 이렇다 보니 능력 있는 사람은 권한이 없어서 일을 못하고 권한 있는 사람은 능력이 없어서 일을 못하는 모순이 발생했다. 더구나 관동군은 육군 참모 본부의 지시도 어기고 중 · 일 전쟁(지나 사변)까지 일으키고 말았다. 관동군이란 일개 야전군 사령부에서 국가 시책을 결정하는 격이 되고 보니 일이 바르게 될 수 없었다.

일본 군사정책의 표류 -
육군과 해군의 부처이기주의

> 육군은 러시아에 대비한다며 군비를 확장하였고 이에 뒤질세라 해군은 미국, 영국과 싸우기 위해서라는 이유로 예산을 소비하였다. 이러한 육군과 해군의 극단적인 부처이기주의가 국가의 진로를 미, 영을 가상의 적으로 하고 동시에 러시아를 적으로 간주하는 터무니없는 국가시책으로 막대한 예산을 낭비하게 되었던 것이다.

일본 육군은 러시아에 대비한다는 이유로 군비 확장을 요구하며 막대한 국가 예산을 축내고 있었고, 가만히 있다가는 육군에게 예산을 모두 빼앗길 것 같은 해군은 해군대로 미·영과 싸우기 위해서라는 이유로 막대한 예산을 소비해가면서 해군력 확장에 열을 올리고 있었다.

이 육군과 해군의 극단적인 부처이기주의가 국가의 진로를 미·영을 가상적으로 하고 동시에 러시아를 가상적으로 간주하는 말도 되지 않는 방향으로 국가 시책을 펴나가게 만들었다.

이것은 일본의 실력을 지나치게 과대평가한 어리석기 짝이 없는 발상이었다. 당시 일본의 실력으로는 국가의 전력을 다 쏟아부어도 러시아 한 나라도 이길수 없는 지경인데 거기에다가 미국과 영국까지도 적으로 돌린다는 어처구니 없는 국가시책을 세우게 만들었다.

그러나 미국과 영국, 러시아는 고사하고 대 중국전에서도 해안이나 도시는 점령했지만 내륙에서는 중국군에 발목이 잡혀 거의 50개 사단을 투입하고도 확실한 전쟁의 승기를 잡지 못하고 1945년까지 중국 땅에서 뚜렷한 전략도 없이 정신 없이 헤매게 되었다.

1941년 9월 6일, 태평양 화전(和戰)의 결정을 두고 벌어진 궁중 회의에서 히로히토 천황의 스기야마 육군 참모 총장에 대한 추궁은 회의라기보다는 코메디(comedy)에 가까운 장면을 연출하게 되었다.

천황 히로히토가 스기야마 육군 참모 총장에게, '미국과 전쟁이 벌어진다면 육군은 어느 정도의 기간에 종결시킬 자신이 있는가?' 라고 추궁하자 스기야마는 자신 있는 듯한 어조로 '남양 방면만은 3개월 정도면 끝낼 수 있습니다.' 라고 답변했다. 이에 대해 히로히토는 '스기야마는 지나사변(중·일 전쟁) 당시 육상이었는데 이 사변을 1개월이면 끝낼 수 있다고 했는데 이미 4년이 지나지 않았는가?' 라고 묻자, 스기야마가 '중국은 워낙 넓고 오지가 많아서' 라고 대답하자, 천황은 언성을 높여 '중국이 넓으면 태평양은 더 넓지 않은가? 무슨 근거로 3개월 내에 끝낼 수 있다고 하는가?' 라고 추궁하자 스기야마는 할 말을 잃고 말았다고 한다.

일국의 육군 참모 총장이란 사람이 군사 전문가도 아닌 천황의 추궁에 구체적으로 답변하지 못할 만큼 엉성한 계획으로 태평양 전쟁에 뛰어드는 어처구니 없는 일이 벌어진 것이다. 3개월은 커녕 3년이 넘게 경과했지만 돌아온 것은 승전의 전리품이 아니라 천황의 적자(赤子)들의 시체 뿐이었다.

일본이 지금에 와서 미국에 대하여 'No'라고 말할 수 있게 되려고 했다면 그 당시 조선과 만주를 점령했을 때 쓸데 없이 중·일 전쟁과 태평양 전쟁을 일으켜 일본 국민과 이웃 아시아 국민에게 말할 수 없는 고통을 주는 그런 어리석은 짓을 하지 말고 조용히 조선과 만주를 일본과 동화시켜 나가야 했다.

일본이 명목상의 내선일체가 아닌 진정한 의미의 내선일체를 위해서 조선인과 일본인을 평등하게 대하여 조선인을 완전히 일본인으로 동화시키고 무모하게 중·일 전쟁을 일으키지 않았다면 미국이나 영국과 전쟁을 하지도 않았을 것이다. 그리고 그 상태에서 제 2차 세계 대전이 끝났다고 하면 만주는 중국이 만주의 반환을 요구하여 영토 분쟁이 중·일 양국간에 일어났겠지만 일본의 조선 합병에 대해서는 어떤 나라도 이의를 제기하지 않아 일본은 조선을 계속 보유할 수 있게 되었을 것이다.

만주 문제는 만주를 반환하든 반환하지 않든 어떤 형태로든 외교적 결론이 났을 것이다.

만약 일본이 만주를 중국에 반환하고 한반도만 그대로 보유하고 있었더라도 일본은 경제력 뿐만이 아니라 군사, 정치면에서도 미국과 소련을 상대로 대등한 입장에 서게 되었을 것이다.

그러나 이렇게 되기 위해서는 일본인이 대국적으로 마음을 비우고 조선인을 일본인과 완전히 동일하게 인식하여야 했는데 유감스럽게도 일본인들은 그렇지 못했다.

그러나 미국인이나 로마인들은 그들의 피점령지에서(미국인들

경우에는 인디언을 제외하고) 거의 완전하게 평등한 대우를 해주어 그들 국가를 단단한 대국으로 결속시켰다는 사실은 일본인들에게 교훈이 될 것이다.

우리가 역사를 배우는 것은 과거를 객관적으로 보는 안목을 기르는 것이 그 첫째의 목표요, 또 그 과거를 보면서 '그때 이렇게 했으면 더 좋지 않았을까' 하고 반성하여 불확실한 미래를 개선하는데 또 다른 목적이 있는 것이다.

9

근대 일본을 알 수 있는 세가지 열쇠

- 아시아의 중심 중국, 세계의 중심 일본 그 사이에 낀 한국
- 일본 근대화의 선구자 - 후쿠자와 유키치
- 아시아와 유럽의 중개자 - 일본

아시아의 중심 중국, 세계의 중심 일본 그 사이에 낀 한국

> 19세기 개화시기에 일본인들은 발달된 서양문화를 접하자 기왕에 문화를 빌리려면 더 수준 높은 문화를 빌려야 한다고 생각하게 되었다. 메이지유신 때 일본인들은 전통적인 중국문화를 버리고 거침없이 서양사상을 받아들인 것이다.

일본 전통 문화의 대부분은 중국에서 유래하였다. 일본인들은 현세의 행동 양식은 유교에 따랐으며 사후 세계인 내세(來世)에 대해서는 불교로 대비하였다.

이것은 조선과는 약간 다른 모습이었다. 조선에서는 유교가 현세의 행동 양식인 것은 일본과 비슷했지만 내세관은 상당히 약했다. 그리고 조선 사람들은 사후 세계 조차도 유교적 이론에 의지하려는 경향이 있었다.

거기에 반해서 일본인들은 사후 세계에 대해서 꽤 관심이 많은 편이었고 생사 문제를 한국인들 보다는 덜 심각하게 생각했다.

따라서 일본인들은 자신이 옳다고 생각하면 목숨을 초개같이 버리는 용감성을 보여주기도 했다. 여기에 일본의 무사도가 합쳐지면서 카미카제 육탄 돌격같은 기형적인 군사 문화도 나타나곤 했다.

평화로운 도쿠가와 시대에 유교는 무사들의 교양이요, 동시에 철학이었다.

17세기에 일본 유학의 거두 하야시 리잔(林羅山 1583~1657)은 유학은 군신, 부자, 부부, 장유, 붕우간의 도덕적 의무라고 정의했다. 즉 5륜(五倫)을 유교의 실체로 보았던 것이다. 일본은 신이 만들었다는 일본인들의 신국 사상(神國思想)도 자세히 살펴보면 중국이 세계의 중심이라는 중화주의의 모방이었다.

중국인들이 자신들을 제외한 타민족을 오랑캐라고 보는 것이나 일본인들이 자신들의 나라를 신이 만든 나라라고 보는 자국 우월주의는 비슷한 사상인 것이다.

중국인들은 자신들이 아시아의 중심이라고 생각하였지만 일본인들은 자신들이 세계의 중심이라고 생각하였다.

하야시 리잔의 제자 야마가 소코(1622~1685)는 한술 더 떠서 공자의 가르침이 진정으로 실현되고 또 보존되고 있는 곳은 중국이 아니라 일본이라고 주장했다.

이 이론에 따라서 일본인들은 아시아 문명의 중심은 중국이 아니라 일본이라고 생각하기 시작했다. 예나 지금이나 유교는 일본인들의 보편적인 윤리관이었다.

도쿠가와 막부 시대에도 유교는 당시 일본의 통치 철학이었으며 군신 관계의 기본틀이었다. 따라서 일본에서는 일반 국민이나 사무라이나 체면과 자존심을 중시하는 유교적인 색채를 강하게 풍기고 있었다. 그러나 일본에서 유교의 논리가 적용되지 않는 군신 관계도 있었다. 바로 천황과 일본 국민과의 관계였다. 일본인들은 일본의 천황은 태양의 여신 아마테라스의 후손이라고 생각하였다. 따라서 천황은 현인신, 즉 신이 사람 모습으로 나타난 것이라고 생각하였다. 일본 신화에서는 신들이 희, 노, 애, 락의 감정이 있으며 결혼을 하기도 한다. 이것은 희랍 신화와 매우 유사한 점으로써 동양인 일본 신화가 희랍 신화와 유사한 것은 매우 이상한 일이다.

일본의 실질적인 지배자 쇼군이 자신의 신하인 다이묘나 사무라이에게 복종을 요구하려면 쇼군 자신도 기본적인 군주의 덕을 갖추고 있어야 할 의무가 있었다. 즉 쇼군도 자신의 부하들에게 존경받기 위해서는 쇼군 자신이 어느 정도 유교 윤리를 준수해야 했다. 그러나 천황은 신의 후손으로서 일본 국민에 대해서 유교의 군신 관계 의무를 질 이유가 없었다.

천황은 잘하거나, 못하거나 천황으로서 존경을 받을 권리만 있었지 군주의 덕을 갖출 의무 따위는 아예 없었던 것이다.

따라서 중국의 천자와 일본의 천황은 완전히 개념이 다르며 이것을 정확히 이해하지 못하면 일본인들이 천황을 숭배하는 의미를 깨닫지 못하게 된다.

일본인들에게 있어서 천황은 기독교도들의 예수님에 해당하며 천황은 절대적인 존재로 일반인들이 왈가왈부할 대상이 아닌 것이다.

쇼군의 통치력도 이론적으로는 천황의 권위에 바탕을 두고 있었다. 쇼군은 천황으로부터 일본을 지배할 권한을 위임 받은 사람이기 때문에 쇼군의 명령은 곧 천황의 명령이었다. 쇼군은 천황의 대리인이기 때문에 쇼군도 천황 보다는 못하지만 마땅히 존경을 받아야 했다.

이 이론에 따라서 쇼군은 천황에게, 다이묘는 쇼군에게, 사무라이는 다이묘에게 충성을 다짐하는 봉건 질서가 확립되었다.

유럽에서 산업 혁명과 시민 혁명이 한창이던 18세기에 와서는 일본에서도 상업의 발달로 급부상한 상인들이 지배 계급인 무사 계급을 위협하기 시작했다. 또 당시의 학자인 이시다 바이간 (1685~1744)은 상업과 노동을 중시하는 학설을 주장했다.

특히 이시다 바이간은 상인은 존경할만 하다고 하였는데 이렇게 되면 지배 계급인 사무라이나 영주들의 반감을 살 위험이 있었다.

무사들은 자신들이 존경 받아야 한다고 생각하였기 때문에 상인들이 존경받는 것을 달가워하지 않았다. 따라서 이시다 바이간은 상인들의 상거래 행위는 상업의 허가권을 가진 정부(무사 집단)에 대한 봉사라고 주장하여 무사들과의 충돌을 모면했다. 그는 상인을 존중하는 것은 상인에게 상업을 허락한 무사 집단(막부)에 순종하는 것이란 논리를 전개하였다. 또 일반 국민들의 노동 장려, 근검 절약 등은 집권층(무사 계급)들의 입장에서 볼때도 별로 나쁘지 않아 이시다 바이간의 이론은 지배층인 무사들에게서 배척 당하지 않고 오히려 환영을 받았다.

이시다 바이간은 노동과 상업을 단순한 생계 유지 수단이 아니라 일종의 예술과 철학으로 승화시켰고, 이러한 이론은 훗날 일본인들의 장인 정신으로 이어졌다.

상인과 근로자들은 자신의 직업을 천직으로 여기고, 일하는 그 자체를 목적으로 간주하게 되었던 것이다.

미국 근로자들이 돈을 벌기 위해 일을 한다면 일본 근로자들은 자신이 훌륭한 근로자가 되기 위해서 일을 하는 것이다. 이러한 사상 때문에 일본에서는 상도덕이 확실히 확립되었고 근로자들의 노동 생산성이 향상되었다.

이러한 여러 가지 이유로 처음에는 상인과 무사들이 공생할 수 있었으나 18세기에서 19세기에 걸친 상업의 비약적인 발달은 끝내 무사 계급을 몰락시키는 메이지 유신(1868년)의 중요한 원인이 되었다.

일본 국내의 상인 계급의 발달과 토쿠가와 막부(일본 중앙 정부)의 3백 년에 걸친 네덜란드와의 교역으로 인한 서구 문명에 대한 이해가 있었기 때문에 일본은 조선과 달리 민중의 저항 없이 서구화를 실시할 수 있었다.

메이지 유신 후 일본에서는 단발령과 폐도령(무사들이 칼을 차고 다니는 것을 금지한 법)이 내려졌다. 이때 일부 보수적인 무사들이 반대를 하긴 했지만 그렇게 심각한 문제는 아니었다.

단발령이 내려졌을 때 일본인들은 조선인들처럼 차두가단 차발불가단(목을 자를 수는 있어도 머리카락은 자를 수 없다)을 외치며 반항하지는 않았다. 그 이유가 무엇일까? 일본인들은 자신들의 문화를 전적으로 자신들의 고유 문화로 보지 않고 있었기 때문이었다.

그들은 자신들의 문화 중에는 자신들 고유 문화와 중국에서 빌려온 것과 한국 등에서 빌려온 것이 섞여 있다고 생각 하였다. 일

신국사상(神國思想)의
상징: 신사

본인들은 자신들의 고유한 문화를 근본으로 하여 외래 문화를 차
용해 왔다고 생각했던 것이다. 자신들의 고유 문화인 천황, 일본
의 고유 종교인 신토, 신국 사상(神國思想:일본은 신이 만든 나
라), 국풍 문화(國風文化:자신들의 고유 문화) 등은 확고하게 지
켜나갔지만, 중국에서 가져온 외래 문화는 필요 없다 싶으면 미련
없이 버렸던 것이다.

일본인들은 상투나 유교적인 보수성, 일본식 복장 등을 자신들
의 고유 문화로 보지 않았다. 일본인들은 이런 것들을 중국에서
빌려 온 차용 문화로 간주했던 것이다. 따라서 19세기 개화 시기
에 일본인들은 발달된 서양 문화를 접하자 기왕에 문화를 빌리려
면 더 수준 높은 문화를 빌려야 한다고 생각하게 되었다. 메이지
유신 때에 일본인들은 전통적인 중국 문화를 버리고 거침없이 서
양 사상을 받아들였다.

이것은 중국의 유교를 한국 고유의 미풍양속으로 간주한 한국

인들과는 완전히 상반된 모습이었다. 메이지 유신이 단행되어 유신 정부가 들어섰을 때, 초대 문부상(문교부 장관)은 일본어를 폐지하고 영어를 국어로 채택하자고 주장한 적이 있었다. 그 장관의 뜻은 어차피 한자의 변형으로 이루어진 가다카나, 히라가나는 일본 고유의 말이 아니란 것이었다. 따라서 영어나 일본어 모두 외국 문화이기는 마찬가지이므로 이왕이면 더 발달된 문화인 영어를 국어로 채택하자는 주장이었다.

물론 이 황당한 계획은 국민들의 반대로 시행되지 못했지만 그 장관은 국민들로부터 비난을 받지도 않았다. 우리 나라에서 만약 문교부 장관이 이런 주장을 했다가는 엄청난 비난을 받고 당장 사표를 내야 했을 것이다. 그러나 그 장관은 일본 국민들로 부터 비난을 받기는 커녕 오히려 가장 훌륭했던 장관으로 인정되어 지금까지도 일본인들의 존경을 받고 있다.

메이지 유신 후 음력 대신 양력을 쓰게 되자 일본인들은 자신들의 최대 명절인 구정을 깨끗이 버리고 신정을 채택했다. 어차피 구정은 일본 고유의 명절이 아닌 중국의 춘절을 빌려 온 것이기 때문에 문제될 것이 없다는 것이었다.

중국의 구정보다 이왕이면 더 발전된 유럽의 해피 뉴이어 (happy new year)를 빌리겠다는 것이 일본인들의 생각이었다. 구정을 버린 일본과 구정을 고수하고 있는 한국인들의 모습은 과거와 미래, 외국 문화를 보는 한 · 일 양 국민의 정서적 차이를 분명히 보여주고 있다.

일본 근대화의 선구자 - 후쿠자와 유키치

"

후쿠자와 유키치는 일본, 조선, 중국 등의 구제도인 양반, 상민과 노비의 차별을 없애고 '만인은 법앞에 평등하다' 그리고 '하늘은 사람 위에 사람을 만들지 않았고 사람 밑에 사람을 만들지 않았다' 며 낮은 수준에 높은 자존심만 가진 중국, 한국과 결별하고 유럽국가를 친구로 삼아야 한다는 탈아입구론을 주장했던 것이다.

"

일본은 미국의 페리 제독에 의해서(1853~1854년) 강제 개국되었고, 다시 메이지 유신으로 일약 세계적인 강국이 되었다. 그러나 메이지 유신으로 일본이 극동아시아에서 강국이 되었다고 모든 것이 해결되지는 않았다.

러시아는 계속해서 남하 정책을 시도하면서 일본 북부, 홋카이도를 위협하고 있었고 중국도 골칫거리였다.

중국이 독립을 유지하지 못하고 영국, 미국, 프랑스, 독일, 러시아에 의해서 분할된다면 일본은 세계 최강국들과 이웃하게 되는 불편을 감수해야 했다.

또한 조선은 지정학적으로 볼 때 일본에 대해서는 극히 위협적인 위치에 있었다.

만일 조선이 러시아에 점령당한다면 일본의 안전은 극히 위태로운 지경이 될 수 있었다. 당시 일본육군 오야마 참모 총장은 각료회의에서 다음과 같이 말했다.

"원래 일본은 섬나라로서 천혜의 파도가 일본을 지켜 주었다. 그러나 선박의 발달로 천혜의 파도도 탄탄대로가 되어 일본의 해안 방어가 예전과 같이 쉽지 않다. 일본은 팔면이 바다와 접하여 수비를 요하는 해안선이 길고 복잡하여 해안선의 방어가 지극히 어려운 상황이다. 그러나 다행히 대한 해협이 있어 국방의 열쇠와 자물쇠 역할을 할 수 있다. 따라서 조선을 늘 우리에게 친근하도록 유지한다면 해안선의 방어가 극히 유리할 것이다. 그러나 만약 그렇지 못하고 강국(러시아)이 조선을 점령한다면 일본은 옆 사람의 코고는 소리를 들으며 자는 것처럼 몹시 불편할 것이다."

오야마 육군 참모 총장은 이렇게 말하면서 조선이 일본의 해안 방어에 극히 중요하다고 역설하였다. 그 이전에도 일본 개화 사상가의 거두 후쿠자와 유키치(일본 최고액 만엔권 지폐에 그 사진이 실려 있다. 즉 일본 지폐에서 우리나라 세종 대왕과 같은 위치를 차지하고 있는 사람이다)는 일본이 선진 유럽과 중국, 조선의 중개자가 되어 조선과 중국을 개화시켜야 한다고 주장했다. 그는 특히 조선을 무력으로 보호하고, 문명으로 개화시켜야 한다고 역설했다.

일본은 1870년부터 조선에 사절을 보내어 조선도 유럽식으로 개화할 것을 권했다. 조선이 청나라와의 관계를 청산하고 독립 국가가 되어 근대화를 시도해야 한다는 것이 후쿠자와 유키치의 주장이었다.

일본에 서구 문명이 도입되던 초기에 그는 조선, 중국, 일본이 힘을 합쳐 유럽의 제국주의에 대항해야 한다는 주의를 열렬히 주장 했었다.

그는 조선에서 개화파를 육성하였고, 그들이 조선을 개화시킬 수 있으리라고 믿었었다. 그 후 조선에서 김옥균을 우두머리로 조선의 개화주의자들은 갑신정변을 일으켰으나 실패하여 3일 천하로 끝나고 말았다.

대부분 조선의 정치인들이 개화를 거부하여 갑신정변이 실패로 끝나자 후쿠자와 유키치는 몹시 실망했었다. 갑신정변에 실패한 김옥균은 일본으로 피신하여 후쿠자와 유키치의 보호를 받았으나 이용가치가 없어진 그의 말기 운명은 순탄하지 못했다. 이러한 일련의 과정을 겪으면서 후쿠자와 유키치의 생각은 변해갔다.

처음에 중국과 조선을 개화시켜 서구 세력에 대항하자던 그의 사상은 시간이 지나면서 완전히 달라졌던 것이다.

후쿠자와의 생각과 달리 조선과 중국의 지배층은 자신들의 기득권에 지나치게 집착하고 있었다.

조선과 중국의 집권층들은 일본의 집권층들과 달리 노비의 해방이나 양반 상민의 신분 차별 철폐에 극렬히 반대하였다.

현재도 그렇지만 과거에도 조선은 능률보다는 명분과 집단이기주의에 지나치게 집착하여 개혁을 성공시킬 수 없었다.

후쿠자와의 기대와는 달리 조선이 개혁을 성공시킬 수 없었던 것은 조선에는 개혁을 수행할 수 있는 깨어있는 지식인들의 수가 너무 적었기 때문이었다.

한 국가의 개혁에는 많은 행동하는 선각자들이 필요하지만 조

선은 그러한 유능한 인재가 수적으로 너무 적었던 것이다.

이러한 현실에서 후쿠자와는 조선과 중국에 대하여 실망하고 말았다. 결국 그는 탈아입구(脫亞入歐)를 주장하면서 완전히 아시아와 결별을 선언하였다.

그의 주장은 '사람은 사귀는 친구의 질에 따라 자신의 평판이 결정된다'는 것이었다. 즉 일본이 아시아의 악동들(한국과 중국을 지칭함)과 계속 어울리다가는 서구인들에게 일본도 똑같이 인권을 무시하는 후진국으로 평가받는다는 것이었다.

후쿠자와는 일본이 서구 열강에 의해 문명국으로 평가받기를 원했었다. 왜냐하면 당시 치외법권 등 불평등 조약하에 있던 일본이 서구 열강들과 평등한 관계로 조약을 개정하기 위해서는 일본의 사법 제도와 일본이란 국가에 대한 서구의 평가가 중요했기 때문이었다.

외국인에 대한 치외법권을 철폐하기 위해서는 국력도 중요하지만 일본이 국민들의 인권을 보장하는 문명국이란 사실을 서구인들로부터 인정받을 필요가 있었던 것이다.

일본인들이 인권을 존중하는 나라로 인정받지 못하면 유럽인들은 일본 내에서 일본의 법에 따라 재판 받기를 거부할 것이기 때문이었다. 사실 메이지 유신 전의 일본이나 조선, 중국에서 유럽인들이 이들 아시아 국가의 법에 따라 재판 받기를 거부하고 치외법권을 주장한 것은 단순히 강대국의 횡포만은 아니었다.

유럽인들은 아무 증거도 없이 사또가 범인이라고 생각되는 사람을 잡아와서 곤장으로 다스리는 조선이나 중국의 법을 따를 수가 없었던 것이다. 당시의 한국이나 중국의 이러한 법을 따른다면 아시아에서 유럽인들의 활동은 사실상 불가능하기 때문이었다.

낙후된 아시아의 사법 제도와 유럽의 제국주의 때문에 치외 법권이라는 제도가 생겨난 것이지 단순히 유럽의 무력 때문만은 아니었다. 따라서 당시 외국인들의 치외법권을 인정하는 불평등 조약 상태에 있던 일본은 사법 제도와 인권을 유럽인들의 수준으로 개선할 필요가 있었던 것이다.

후쿠자와 유키치는 일본, 조선, 중국 등의 구제도인 양반, 상민과 노비의 차별을 없애고 '만인은 법 앞에 평등하다' 는 사상을 전파하기 위해 노력했었다.

후쿠자와는 1871년 「학문의 권장」 1권에서 '하늘은 사람 위에 사람을 만들지 않았고, 사람 밑에 사람을 만들지 않았다' 고 설파했다. 이 책은 무려 20만 권이나 팔려서 후쿠자와는 엄청난 돈을 벌었다. 그는 이 돈으로 현재 일본의 명문 사립 대학인 게이오 대학을 설립하였다. 일본의 한국 침략의 이론적 근거를 확립한 후쿠자와가 설립한 이 대학에서 훗날 많은 한국인들이 수학한 후 독립

투사가 된 재미있는 현상이 발생했다. 후쿠자와는 개혁을 거부하고 끝까지 구제도를 고집하며 양반이 상민과 노비를 짓밟고 비능률적인 정치를 계속하는 한국과 결별을 선언했다. 후쿠자와는 낮은 수준에 높은 자존심만 가진 중국, 한국과 결별하고 유럽 국가를 친구로 삼아야 한다는 탈아입구(脫亞入歐)를 주장했던 것이다.

그는 조선이 일본의 오랜 우방이며 이웃이라고 하더라도 더 이상 특별한 국가로 취급되어서는 안 되며 다른 아시아 나라들과 똑같이 취급되어야 한다고 주장하면서 결국 정한론(征韓論)을 펴 나갔다. 당시에 만약 조선이 일본과 비슷한 수준으로 개화 정책을 성공시켰고 청나라도 근대화에 성공하여 어느 정도 국력을 갖추고 있었다면 일본은 결코 아시아를 떠나지 않았을 것이다. 후쿠자와 유키치도 처음에는 조선 개화와 근대화에 대한 미련을 버리지 못하고 상당한 노력을 했었던 것이 사실이었기 때문이다. 그러나 그는 조선의 근대화가 결국 실패할 것이라는 결론에 도달하자 오히려 조선을 정벌해야 한다고 주장하기 시작했었다. 그때 만약 조선이 근대화에 어느 정도만 성공했더라도 일본의 태도는 완전히 달라졌을 것이다. 결국 일본인들이 보기에 조선과 중국은 일본의 동맹국으로서 자격 미달이라는 결론을 내렸던 것이다.

따라서 일본은 청·일 양국이 동맹을 맺어 서양 세력에 대항하자는 청나라의 동맹 제의를 거절했다. 일본이 중국의 동맹 제의를 거부한 것은 이번이 두번째였다.

옛날 명나라가 청나라의 공격으로 위기에 처했을 때 명나라 장군들은 도쿠가와 막부에게 동맹을 요청한 일이 있었다. 명나라와 일본이 동맹을 맺어 공동으로 청나라를 타도하자는 요청이었다.

러일전쟁 당시 일본군 행렬

이 동맹 제의를 받은 도쿠가와 막부는 심사숙고 끝에 공연히 대륙의 분쟁에 개입하지 않겠다는 결론을 내리고 이 동맹 제의를 거부했었다. 그러나 메이지 유신 이후 일본은 청나라의 동맹 제의를 단순히 거절한 것만은 아니었다. 오히려 일본은 1894년 청·일 전쟁을 일으켜 청나라를 침공한 후 탈아입구론(脫亞入歐論)에 입각하여 유럽 국가인 영국과 동맹을 맺고 러·일 전쟁(1904년)까지 일으켰다.

바야흐로 사상가 후쿠자와 유키치의 탈아입구(脫亞入歐)라는 사상이 현실로 실현되는 순간이었다. 앞에서 말했듯이 후쿠자와 유키치는 한국을 정벌해야 한다는 정한론자였으나 정한론자인 그가 설립한 게이오 대학에서 수학한 많은 한국인들이 훗날 독립 투사가 되는 역사의 아이러니가 연출되었다.

아시아와 유럽의 중개자 – 일본

> **"**
> 아시아 전제군주국가에는 민주주의, 의회, 시민, 삼권분립 등
> 의 개념자체가 없었기 때문에 이러한 단어가 없는 것은 당연한
> 일이다. 일본인들의 가장 중요한 업적은 유럽인들이 수백 년에
> 걸쳐 만들어낸 이러한 단어들을 단 몇 년만에 한자로 바꾸어 아
> 시아인들에게 그 개념을 전해준 것이다.
> **"**

처음 일본의 개화파들은 자신들이 아시아를 적으로 삼게 되리라
고는 상상도 하지 못했었다. 오히려 그들은 일본이 유럽 문명
과 아시아 문명의 중개자가 되리라고 생각했었다.

그들은 유럽 문명을 아시아에 전파하기 위해 많은 노력을 했었
다. 이러한 작업에서 일본인들이 당면한 가장 골치 아픈 문제는
아시아에는 유럽에서 말하는 민주주의, 의회, 시민 혁명, 시민, 인
권 같은 단어 자체가 없다는 것이었다. 아시아 전제 군주 국가에
는 민주주의, 의회, 시민, 삼권분립 등의 개념 자체가 없었기 때문
에 이러한 단어가 없는 것은 너무도 당연한 일이었다. 일본의 개
화파 학자들은 유럽 문화를 받아들이면서 이러한 유럽의 단어들
의 개념을 이해하기 위해 노력했었다.

그들은 유럽어로 표현된 단어들을 완전히 이해한 후 가장 비슷한 뜻을 가진 한자로 된 단어를 만들어 내야 했다. 선진 유럽의 사상을 받아들이기 위해서는 공산주의, 자본주의, 시민, 인권, 민주주의란 단어를 만들어 내는 것이 급선무였기 때문이었다.

어떤 사상이라도 그 사상을 표현하는 말이 없으면 그 사상을 일반 국민들에게 전할 수 없는 법이다. 일본의 개화파 학자들은 각고의 노력 끝에 이러한 영어 단어를 한자로 바꾸는데 성공하였다. 민주주의를 의미하는 말이 없으면 민주주의를 국민 대중에게 설명하거나 전파할 수 없는 것이다. '태초에 말씀이 있었나니 말씀은 하나님과 함께 있나니 말씀은 곧 하나님이니라' 하는 성경 구절이 있듯이 민주주의 개념을 표시하는 말이 없으면 일반 민중들에게 민주주의를 전파할 방법이 없는 것이다.

아시아의 근대화 과정에서 일본인들의 가장 중요한 업적은 유럽인들이 수백 년에 걸쳐 만들어 낸 이러한 단어들을 단 몇 년만에 한자로 바꾸어 아시아인들에게 그 개념을 전해준 것이었다.

싫든 좋든 간에 또 원하든 원치 않았던 간에 결과적으로 일본인들은 아시아와 유럽의 중개자가 되고 말았다.

10

이박사의 역사 뒤집어서 다시 보기

- 과연 친일파는 한국 민족의 적인가?
- 과연 이토오 히로부미의 암살은 잘한 일인가?
- 중국과 일본을 바라보는 우리의 왜곡된 시각
- 과연 중국은 평화를 사랑했고, 일본은 침략적이었던가?

과연 친일파는 한국 민족의 적인가?

> 만약 2차 대전에서 일본이 승전국이 되었다면 목숨을 걸고 싸운 한국의 학도병들 때문에 일본제국내에서 한국인들의 지위는 상당히 상승되었을 것이다. 실제 2차 대전 당시 미국에 거주하던 일부 일본인들은 미군에 자원 입대하여 최전선에서 활약하였고 이를 본 미국인들은 일본인들을 진정한 미국시민으로 인정해주었다.

대동아 전쟁이 막바지에 달하여 일본 내에 징집 인원이 부족해지자 일본인들은 한국인들을 동원하기 시작했다.

이 당시에 친일파 중에서 춘원 이광수 같은 사람은 조선 학생들에게 일본군 학도병으로 지원하라고 강연을 하고 다녔다.

지금은 우리가 이광수의 이러한 과거 행동을 나쁘다고 보지만 이러한 판단이 전적으로 옳다고 볼 수는 없다.

춘원 이광수의 행적이 문제가 되는 것은 일본이 2차 대전에서 패배했기 때문이지 이광수의 주장이 나빴기 때문만은 아니었다.

만약 2차 대전에서 일본이 이겼다면 한국 학생들이 학도병으로 지원한 사실은 새로운 의미로 해석되었을 것이다. 일본이 승전국이 되었다면 2차 대전 때 일본을 도와 목숨을 걸고 싸운 한국의 학도병들 때문에 일본 제국 내에서 한국인들의 지위는 상당히 상승되었을 것이기 때문이다.

한국 학생들이 전혀 참여하지 않은 상태에서 2차 대전이 일본의 승리로 끝났다면 일본인들이 한국인을 대우해 줄 리가 없는 것이다. 실제 2차 대전 당시 미국에 거주하던 일부 일본인들은 미군에 자원 입대를 하여 최전선에 배치되었다. 일본측에서 보면 이들은 민족 반역자였고, 만약 세계 2차 대전에서 일본이 미국을 이겼다면 이들은 조국을 배반한 매국노가 되어 용서받지 못했을 것이다.

그러나 전쟁은 미군의 승리로 끝이 났다. 전쟁이 끝나자 재미 일본인에 대한 미국인들의 인식은 현저하게 달라졌다. 진주만 기습 직후에 미국내 일본인들은 수도꼭지 하나에 수십 명이 매달려 샤워를 해야 하는 수용소에 집단 수용을 당하기도 하면서 미국의 적으로 간주 되었다. 그러나 일본인들의 자원 입대하에 2차 대전이 끝난 이후에는 재미 일본인들의 미국에서의 사회적 지위는 상승하였다. 일본인들이 자원입대하여 미국을 위해 싸우는 것을 본 이후에는 미국인들도 일본인들을 진정한 미국 시민으로 인정해 주었다.

이러한 이유로 일본인 중에는 하와이주 상원 의원까지 된 사람도 있었다. 이 상원 의원은 젊은 시절 2차 대전 전투 중에 팔을 하나 잃었었다. 미의회에서 일본에 대한 불리한 입법이 논의될 때 이 상원 의원은 그 법안에 대해 반대를 했었다.

그러자 일부 의원들은 그가 일본인이기 때문에 미국의 이익을 고려하지 않고 일본편을 든다고 이 일본계 상원 의원을 공격했다. 어떤 의원들은 그 일본인 상원 의원이 일본인이기 때문에 미국에 대한 애국심이 없다고도 공격했다. 그러자 이 일본계 상원 의원은 의사당에서 자신의 의수를 치켜들어 흔들면서 나보다 더 미국에 애국을 한 사람이 있으면 나와 보라고 호통을 쳤다.

다른 의원들은 2차 대전 중 자원 입대하여 팔까지 잃어버린 이 일본계 상원 의원을 미국의 애국자가 아니라고 공격할 수는 없었다. 왜냐하면 이 일본계 상원 의원을 공격하던 미국인 상원 의원 자신들은 두 팔이 모두 멀쩡했기 때문이었다.

미국에 있던 일본 교포들이 미군에 자원 입대한 것이나 한국 학도병이 일본군에 자원 입대한 것이나 근본 취지는 비슷하다고 생각된다. 차이점은 일본이 지고 미국이 이겼다는 것 뿐이다. 일본이 2차 대전에서 패배했기 때문에 한국 학도병은 쓸데 없는 희생을 한 것이 되었고, 미국이 승리했기 때문에 재미 일본 교포들의 행동은 영웅시 되었던 것이다.

일본이 만약 2차 대전에서 이겼다면 많은 한국인들이 학도병이나 징용 징병으로 가담했던 것이 옳은 일이 되었을 것이다. 그렇게 해야 일본 제국 내에서 한국인의 지위를 인정받을 수 있기 때문이다.

따라서 이광수의 친일적 발언을 일방적으로 매도할 수는 없다. 대한 제국의 학부대신 이완용도 마찬가지다. 이완용이 을사 보호 조약에 서명하건 안 하건 조선이 일본에 합병당하는 것은 기정 사실이요, 시간 문제였다. 만약 이완용이 을사 보호 조약에 서명하지 않았다면 한국이 독립을 유지했을 것이라고 생각하는 사람들이 있다면 이 사람들은 역사를 바라보는 견해가 객관적이지 못한 사람들이다.

과연 이토오 히로부미의 암살은 잘한 일인가?

> **❝**
> 만주점령을 반대하였고 중국 및 영국, 미국과 선린관계를 주장했던 이토오 히로부미의 암살은 필연적으로 일본에서는 군인통감시대로 이어졌고 조선에서는 무단정치가 시행되어 한·일 합방을 시기적으로 앞당기는 결과를 낳았다.
> **❞**

일본은 근대화가 되고 국력이 강해지면서 새로운 고민거리가 생겨났다.

서양 열강들과 같이 산업화가 되기 시작하자 시장과 원자재 확보가 필요해졌던 것이다. 즉 식민지가 필요해진 것이었다. 일차 목표는 오키나와와 대만이었고, 그 다음은 조선과 만주였다. 그러나 일본의 북쪽에는 무시무시한 상대가 도사리고 있었다. 일찍이 나폴레옹의 대 원정군을 격파한 역사가 있는 유럽 최강국 중의 하나였던 러시아였다. 더구나 러시아는 사할린을 차지하여 일본 홋카이도를 직접적으로 위협하기 시작했으며 한때는 대마도 점령도 시도한 적이 있었다. 게다가 러시아인들은 자신들의 이익 범위인 만주를 지키기 위해서 조선을 점령할 의사도 있었다.

일본은 심히 신경이 날카로워졌다. 일본 조정은 식민지로 조선이 필요하여 청·일 전쟁까지 치루었지만 조선을 식민지로 만드는데는 러시아의 동의 없이는 불가능한 일이었다.

　　일본은 러시아와 전쟁을 피하기 위해서 만한 교환(만주는 러시아가 조선은 일본이 갖는다)을 제시했다. 그러나 러시아는 일본의 제의를 일축했다.

　　그 이유는 일본이 조선을 점령하는데 반대해서가 아니라 일본이 조선을 점령하면 한반도의 북부인 압록강, 두만강 쪽에서 만주의 측면을 위협하기 때문이었다. 이렇게 되면 러시아가 일본으로부터 만주를 방어하기 위해서는 상당히 긴 국경선을 지켜야 한다는 문제가 발생하기 때문에 러시아는 조선을 북위 39도 선에서 2등분하여 남쪽은 일본이 차지하고, 39도 이북의 조선은 중립 지대로 삼고, 만주는 러시아가 차지한다는 수정안을 제시했다. 이렇게 되면 러시아의 만주 방어가 손쉬워지기 때문이었다.

　　일본은 만주에 흑심이 있었으므로 러시아의 이 제의를 거절하여 협상은 타결되지 못했다. 그 이후에도 양측은 서로 수정안을 제시하면서 협상을 계속했지만 협상은 지지부진이었다.

　　일본은 시간을 끌면서 전쟁 준비에 열을 올리고 있었다. 이제 협상 결렬은 기정 사실이었고 전쟁은 시간 문제였다.

　　결국 1904년 러·일 전쟁이 일어났으며 결과는 예상을 뒤엎고 일본의 승리로 끝났다.

　　러·일 전쟁이 끝나자 군부 특히 관동군은 만주 점령을 포기하지 않고 러·일 전쟁 중에 점령한 만주를 계속 보유하려고 했다. 이토오 히로부미(본명은 하야시 도시스케이며 요시다 쇼인의 문하에서 수학한 조슈번 출신의 유신 지사. 1885년 초대 내각 총리 대신이 되었다)는 일본 군부의 이 계획을 저지하기 위해 필사적으로 노력했었다. 이토오 히로부미는 군부의 주장에 반대하면서 만주를 중국에 반환해야 하며 만주는 결코 일본 영토가 아니라고 강력히 주장했다.

실제로 천황이 참석한 어전 회의에서 육군 참모 총장이 '우리 일본이 만주를 경영함에 있어서' 라고 말을 꺼내자 이토오 히로부미는 발끈하여 직설적으로 총장에게 면박을 주었다.

"육군 참모 총장, 우리의 땅도 아닌 만주를 어떻게 우리가 경영한단 말입니까? 앞으로 만주 경영이란 말을 삼가 해주시요." 이토오 히로부미의 주장은 만주는 중국 땅이며 그 경영은 중국인들이 알아서 해야 한다는 것이었다. 이토오 히로부미는 노골적으로 군부의 만주 점령에 반대했지만 일본 군부는 철없이 계속 만주 점령을 고집했었다.

이토오 히로부미의 생각으로는 일본 군부의 주장대로 일본이 만주를 계속 점령하면 러 · 일 전쟁시에 일본을 도와준 영국과 미국이 일본을 적대시할 위험이 있다는 것이었다.

영국과 미국은 중국에서 자기들이 마음대로 활동하기 위해서 러시아를 견제해 일본을 도운 것이지 일본이 좋아서 도운 것은 결코 아니었다. 따라서 일본이 러시아를 대신하여 만주를 점령하면 일본은 영국과 미국의 새로운 적이 될 위험이 있었다.

실제로 태평천국의 난으로 영국의 정신이 팔려 있을때 일본 군부가 복건성 점령을 시도한 적이 있었다. 이때 이토오 히로부미는 복건성 점령 계획은 영국의 반대로 무산될 것이라 확신하여 반대

입장을 분명히 했었다. 그러나 일본 군부는 이토오 히로부미의 의견을 무시하고 기어이 출병을 감행하였었다. 일본군의 복건성 점령계획을 알게된 영국은 발끈하여 일본과의 일전을 불사하는 강력한 경고를 발하였다. 홍콩과 양자강 일대에 이권을 갖고 있는 영국은 일본의 복건성 점령을 도저히 묵과할 수 없었던 것이다. 일본 군부는 영국의 강경한 태도에 놀라 복건성에 상륙도 못해보고 황급히 철수하는 추태를 연출했었다. 영국이나 프랑스나 일본이 자신들의 이익을 침해할 경우 언제라도 일전을 불사할 의사가 있었던 것이었다.

또 일본이 만주를 계속 점령하려면 중국과도 전면전을 벌여야 한다는 부담이 있었다.

이토오 히로부미의 생각으로는 일본이 중국, 미국, 영국, 러시아를 적으로 돌리면서까지 만주를 점령한다는 것은 너무 위험하다는 것이었다.

이토오 히로부미 등 당시 일본 정치 실력가들은 일본 군부의 지나친 팽창 주의를 견제하기 위해서 많은 노력을 하였다.

일례로 일본은 러 · 일 전쟁 승리 후(1905년) 바로 조선을 합병해도 별다른 문제가 없었지만, 이토오 히로부미는 신속한 조선 합병을 반대했다.

이토오 히로부미는 일본과 세계 열강들간의 국제적인 약속을 준수하면서 조선을 당분간 일본의 보호국으로 두는 것이 더 좋다고 결론지었다. 그러던 중 고종 황제의 헤이그 밀사 사건(1907년 6월)이 일어났고, 조선 민중들의 무장 독립 운동이 시작되었다. 급기야 일본 정계의 최고 원로인 이토오 히로부미는 1909년 10월

추밀원 원장의 자격으로 러시아 재무대신과 회담차 만주 하르빈을 방문했다가 안중근 의사에 의해서 살해되었다.

이토오 히로부미 암살 사건을 계기로 일본 정부의 태도는 강경해졌다. 전직 일본 수상이며 초대 조선 통감이었던 일본 정계의 원로인 이토오 히로부미가 살해되자 일본 조야는 깊은 충격을 받았다.

일본의 여론은 강경해졌고, 일본 정부는 육군상인 현역 육군 대장 테라우찌 마사타케를 파격적으로 조선 통감에 임명했다.

육군 대장 테라우찌는 부임하자 마자 군사적 준비를 완료하고 조선 황실에 압력을 넣어 조선을 합병하고 말았다.

만주 점령을 반대하였고, 중국 및 영국, 미국과 선린 관계를 주장했던 이토오 히로부미의 암살은 필연적으로 일본에서는 군인 통감 시대로 이어져 조선에서 무단 정치가 시행되었다.

좀 미안한 말이지만 안중근 의사는 이토오 히로부미를 암살하여 한·일 합방을 시기적으로 좀 앞당긴 것 같고, 조선에서의 무단 정치를 초래한 것 같다.

한국인들에게는 약간 이상하게 들리겠지만 안중근 의사가 이토오 히로부미를 암살하지 않고, 고종 황제가 일본에 대해서 청나라에게 했던 식으로 협조적이었다면 한·일 합방은 상당히 늦어졌을 것이 거의 확실하다.

한·일 합방이 시기적으로 앞당겨진 것은 중요한 의미를 갖는다.

만약 한·일 합방이 1910년에 되지 않고, 1930년경에 되었다면 우리 한국인들은 일본의 통치를 15년만 받으면 되는 것이다.

그리고 이때 쯤에는 한국인들도 선진 문물을 접하여 자질이 상당히 향상되어 있을 것이기 때문에 일본의 식민지 통치도 한결 더 유화적이었을 것이며, 한·일 양국 관계는 지금과는 판이하게 다른 양상으로 발전했을 수도 있는 것이다.

그리고 안중근 의사가 이왕 일본 요인을 암살하려면 테라우찌 같은 사람을 암살하는 것이 좋았을 것 같았는데 그 대상이 잘못 선정된 것 같은 감이 있다.

어쨌든 안중근 의사의 거사는 한민족의 기개를 보여준 역사적 의의가 있는 일인 것만은 부인할 수 없다. 그러나 이토오 히로부미의 암살은 결과적으로 일본 내에서 군부를 견제하던 민간 거물 정치인이 없어지게 만들어 일본에게도 많은 피해를 주었다.

일본 군부, 특히 관동군은 제멋대로 날뛰다가 결국 일본은 미국의 원자탄 세례를 받고 말았다. 안중근 의사의 이토오 히로부미 암살로 야기된 군부 세력의 확대는 일본에서 겨우 싹트기 시작한 민주 정치를 말살하는 계기가 되었다.

이토오 히로부미가 계속 살아 있었다면 일본이 그토록 무모한 군부 독재 시대로 접어들지는 않았을 것이다. 결국 안중근 의사의 이토오 히로부미 암살은 그 좋은 동기에도 불구하고 일본에는 군부 독재 시대를, 조선에는 한·일 합방을 열어주는 계기가 되었던 것이다.

중국과 일본을 바라보는 우리의 왜곡된 시각

> 일본에 대해서는 맹목적인 적대감과 멸시로, 중국에 대해서는
> 왜곡된 문화사대주의로 공자나 맹자의 사상과 관습을 마치 우리
> 것인 양 착각하여 한반도를 약 천년동안 속국으로 삼고 갖은 행
> 패를 부린 중국의 천자에게는 무한정 관대하고 삼십육년간 우리
> 를 지배했던 일본의 천황은 원수라고 생각하는 위험한 논리에 빠
> 지게 되었다.

우리는 중국과 일본에 대해서 이중의 모순된 판단 기준을 갖고
있다.

일본에 대해서는 맹목적인 적대감과 멸시를, 중국에 대해서는
왜곡된 문화 사대주의의 모습을 보여준다. 대화 도중에 한자 용어
를 쓰고 유교적인 예의로 상대를 대하면 공연히 점잖은 사람으로
인정을 받게 된다. 이와 달리 대화 중에 영어를 쓰거나 일본말을
사용하면 타인들로부터 민족 주체성이 없는 사람이라고 평가 되
기도 한다.

똑같은 외국 문화이지만 중국 문화는 좋은 문화로 인정되고, 일
본이나 미국 문화는 민족 주체성을 훼손한다고 인정되어 배척당
하는 것이 우리의 현실이다. 우리는 뿌리 깊은 중국에 대한 문화

사대주의 사상을 갖고 있는 것이다.

이 현상은 우리가 공자나 맹자의 사상과 관습을 마치 우리 것인양 착각을 하고 있기 때문에 일어나는 현상인데 이러한 편향된 외래 문화관은 한국인들의 사고를 심각할 정도로 왜곡시키고 말았다. 이 왜곡된 외래 문화관 때문에 유림들은 남존여비 사상인 공자의 생각을 마치 우리 고유의 문화인 양 오해하게 되었다.

우리가 우리 고유의 것이라고 주장하고 있는 미풍양속이란 것도 사실 따지고 보면 거의 대부분이 중국에서 도입된 것들이다. 삼강오륜은 물론이고 전통적인 관혼상제 규범의 대부분은 우리 고유 문화가 아닌 원산지가 중국인 외래 문화인 것이다.

어려운 한자나 한문 숙어를 들먹여 가면서 이야기하면 유식한 사람이고, 젓가락을 '와르바시' 라고 하는 것은 언어 순화가 안 된 오염된 단어라고 생각하는 것이 우리 현실이다. 즉 우리는 중국 문화는 외래 문화가 아니라고 생각하게 될 정도로 중국 일변도의 외래 문화관을 가지게 된 것이다. 이 영향으로 중국 문화가 아닌 어떤 외래 문화도 우리 한국에서 뿌리를 내리지 못하게 되어 실제로 우리 한국인들은 우물안 개구리가 되고 말았다. 우물 안에 갇혀 있는 우리 시각으로 우리 문화와 외래 문화를 평가하기 시작하여 우리는 문화적인 혼동 상태에 빠지게 되었다.

현재 우리의 문화와 관습은 무국적 혼란성이 너무 심하며, 한가지 재미있는 것은 고추는 임진왜란 때 일본인들이 가지고 온 것인데, 고추로 만들어진 김치, 고춧가루, 고추장 등이 우리 고유의 음식인 양 착각하고 있는 것이다.

제사 음식에 고춧가루를 안 쓰는 것은 제사 규범이 만들어지던 조선 초기에는 우리 나라에 고추가 없었기 때문이었다. 이런 식으로 어떤 것은 외래 문화를 우리 것으로 착각하기도 하고 때로는 우리 고유 문화를 외래 문화로 착각하기도 하여 우리 의식 구조는 뒤죽박죽이 되었다.

이 현상이 꼭 나쁜 것은 아니지만 우리는 우리 고유 문화를 너무 강조하다보니 결국 중국 문화에 지나치게 편중된 절름발이 문화가 되었다는 것이 문제인 것이다.

중국 어원인 '중간상인' 이란 말은 표준어이고 '나카마' 란 일본 말은 언어 순화에 해가 되는 것으로 간주한다. 결국 우리 뇌리 속에는 우리도 모르는 사이에 중국 문화가 너무 깊이 들어 와서 우리의 가치 판단 기준이 흐려지게 된 것이다.

중국 일변도의 사고 방식으로 인해서 우리는 중국 문화가 아닌 모든 외래 문화 즉 일본, 미국, 유럽 문화를 배척하게 되었다. 결과적으로 우리는 현재 세계를 이끌어가고 있는 유럽 문화, 미국 문화, 일본 문화에 대하여 문외한이 되었다.

결국 우리는 중국 변방의 한 구석에 위치하여 중국의 변두리 문화에만 집착하는 우물안 개구리가 되었던 것이다. 따라서 우리는 문화적, 정신적으로 세계 무대의 중앙에 서기를 거부하고 중국의 주변 국가로 만족하는 한심한 모습을 보이고 있는 것이다.

이 문화적 편중성은 심각한 정치 외교적인 문제까지 야기시킨다. 우리는 한반도를 약 천 년동안 속국으로 삼고, 갖은 행패를 부린 중국의 천자에게는 무한정 관대하고 삼십육 년간 우리를 지배했던 일본의 천황은 원수라고 생각하는 위험한 논리에 빠지게 되었다.

후쿠자와 유키치

　이때문에 지정학적으로 한반도의 장래에 최대 위협이 되고 있는 중국에 대하여는 전혀 주의를 기울이지 않고 일본에 대해서는 알레르기 반응을 나타내는 치밀하지 못한 외교 정책을 밀고 나가게 되었다. 공자왈 맹자왈 하는 것은 당연한 우리의 도리라고 생각하고 일본이나 미국처럼 개방적인 삶은 타락한 문화로 간주해서는 곤란하다. 중국의 공자나 일본의 후쿠자와 유키치(메이지 시대의 학자, 탈아 입구와 정한론을 주장하였고 일본 만 엔 지폐에 그 얼굴이 인쇄되어 있다.)나 외국 사상가들이기는 마찬가지다. 그러나 우리는 공자만 너무 자세히 보다가 후쿠자와 유키치는 보지도 못했고, 벤자민 프랭클린이나 루소같은 사람도 주마간산 격으로 스쳐 지나고 말았던 것이다.

　우리 국민들이 루소를 잘 모르니 삼권분립에 대한 이해가 모자라게 되었고 민주주의는 자연히 형식적인 것이 되고 만 것이다. 우리는 공자, 맹자를 들먹이다가 그것도 모자라 최근 들어서는 노자까지 들먹이고 있다. 말장난에 가까운 노자 사상을 열심히 강의하고 또 우리 국민들은 그 쓸데 없는 학문을 배우겠다고 열기가 대단하다. 우리가 끝내 공자, 맹자, 노자를 좋아하다가는 국가 발전의 정도가 중국과 비슷하게 될 것이다. 노자 사상 연구할 정도로 한가하면 그 시간에 차라리 일본의 후쿠자와 유키치나 미국의 벤자민 프랭클린 사상이나 연구하는 것이 국가적으로나 개인적으로 득이 될 것같다.

선진 사회의 사상을 연구해야 선진국이 되는 것은 너무나 당연한 일이기 때문이다. 우리 한국인들이 공자, 맹자, 노자 사상을 열심히 연구하다가는 결국 한국은 중국처럼 후진 사회가 되고 말 것이기 때문이다.

우리가 선진국이 되려고 하면 먼저 우리 머리 속에 뿌리 깊게 박혀있는 낙후된 중국 사상을 제거해야 한다. 그리고 그 빈자리에 중국, 일본, 유럽의 사상이 균형있게 골고루 자리 잡아야 하는 것이다.

중국 일변도로 굳어있는 우리의 편중된 사고는 결국 우리 국민을 경직된 국민으로 만들고 말았다. 전제군주인 중국의 천자에게는 거부감이 없고 군림하지만 통치하지는 않는 모범적인 입헌군주인 일본 천황을 극도로 싫어하는 우리의 사고 방식은 개선되어야 한다.

전제 군주를 칭송하는 우리의 이같은 사고 방식은 결국 우리 대통령들을 전제군주처럼 만든 근본적인 원인이 되었기 때문이다.

천 년 가까이 우리를 지배해 온 중국의 천자에게 적대감이 없는 우리의 사고 방식은 가치 판단 기준과 역사 의식이 완전히 허물어진 기형적인 모습인 것이다.

아시아에서 한국이 가장 먼저 중국 문화를 받아들였기 때문에 우리는 일본보다 우리가 더 문화적인 국민이라고 생각하기도 한다. 일면 맞는 말이기도 하지만 일면 문제 있는 생각이기도 하다. 우리는 왜 우리가 중국 문화를 그토록 철저히 받아들였는지를 생각해 보면 결코 이러한 사실이 자랑거리가 될 수 없다는 것을 알게 될 것이다.

우리가 일찍, 그리고 철저히 중국 문화를 받아들인 것은 우리가 중국의 속국이었기 때문인 면도 결코 무시할 수 없기 때문이다. 결국 우리가 우리의 중국 문화를 자랑한다는 것은 우리가 중국의 속국이었던 것을 자랑하는 것과 별반 다를게 없는 것이다.

어떤 경우라 하더라도 우리는 우리가 중국의 속국이었던 것을 자연스럽고 자랑스러운 일로 생각할 수는 없는 것이다.

우리 사신들은 자금성의 한쪽 귀퉁이에서 구걸하듯이 천자를 알현하여 세자 책봉 문제까지 들고 가서 윤허를 받아야 했다. 반면 중국의 사신은 조선에 와서 갖은 행패를 부렸고 부녀자를 겁탈하기도 했었다.

그런 중국의 문화인 공자, 노자 사상을 연구하고 칭송하는 우리 민족의 모습을 보면 한심하기 짝이 없는 것이다. 외래 문화를 배척하여 고유 문화를 지키는 것이 중요한 것이 아니라 다양한 외래 문화를 도입하여 균형잡힌 문화를 창조하는 것이 중요한 것이다. 우리는 물질 문명 즉 경제적인면은 서구나 일본식을 받아 들였지만 우리의 의식 구조는 여전히 시대에 뒤떨어진 중국 문화 일색이다.

그 반면 일본인들은 중국 문화와 서양 문화를 완전히 이해하고 소화하여 그들의 의식은 문화적으로 균형된 모습을 보여주고 있다. 일본은 원래 음력 설을 세웠지만 메이지 유신 때에 양력을 도입하면서 양력 설로 바꾸었다. 그러나 우리는 아직도 중국의 춘절인 음력 설을 민족 최대의 명절로 치고 있다. 설을 세는 것을 보면 독립국 일본과 중국의 속국이었던 한국이 뚜렷이 구분 되는 것이다.

메이지 유신 때 일본은 달력을 음력에서 양력으로 바꾸면서 중국의 명절인 구정을 버리고 서구의 신년(happy new year)을 채택했다. 그러나 우리는 달력은 로마력에 기초를 둔 양력으로 바꾸었지만 아직도 춘절을 고수하고 있다.

일부 인사들이 '달력은 양력이면서 새해 명절은 구정을 고집하는 것은 모순이 아니냐' 고 지적하자 '구정은 신년과 상관 없는 우리 고유의 명절인 설' 이라는 억지 주장을 하는 사람들도 있다.

중국 문화에 찌든 나머지 중국의 명절인 구정을 우리 고유의 명절로 착각 하고 있는 것이다.

구정은 중국인들의 최대 명절인 춘절이지 우리 고유의 명절은 아닌데도 우리는 우리 고유 명절로 잘못 인식하게 되었다.

중국 문화가 나쁘다는 것은 아니다. 단지 중국 문화 일변도로 굳어진 우리의 사고 방식에 문제가 있다는 것이다. 공자, 맹자, 노자가 나쁜 것이 아니라 인생의 모든 문제와 철학, 과학까지도 이들의 논리로 해석하려는 우리의 자세에 문제가 있는 것이다. 우리가 공자, 맹자, 노자를 세계적인 여러 사상가 중의 한 명으로 인정한다면 아무 문제가 될 것이 없다.

즉 공자, 맹자, 노자를 칸트, 벤자민 프랭크린, 마키아벨리, 후쿠자와 유키치, 요시다 쇼인, 아담 스미스, 페트릭 헨리, 존 로크, 헤겔, 버틀란트 러셀 등과 같은 사상가 중의 한 명으로 생각하고 배운다면 아무 문제될 것이 없다는 이야기다. 그러나 우리는 공자, 맹자, 노자의 가르침으로 세상만사 모든 일을 해결하려고 하기 때문에 문제가 되는 것이다.

수 천 년 전의 공자, 맹자, 노자 사상으로 숨가쁘게 변화하는 이 시대를 헤쳐나간다는 것은 아무래도 무리인 것이다. 그러나 지금 우리 현실은 그렇지가 못하다. 새로워야 할 21세기에 난데 없이 관속의 노자를 부활시켜 갑자기 우리 사회에 노자 유행이 일어나기도 했었다. 몇 년 전에 공자를 죽여야 한다고 한동안 법석이더니 이제 또 노자를 살려야 한다고 야단을 치고 있는 것이다. 더 큰 문제는 이럴 때마다 국민들이 이리 몰리고 저리 쏠리고 하면서 더욱 더 사상적 중심을 잃는다는 것이다.

과연 중국은 평화를 사랑했고, 일본은 침략적이었던가?

> **❝**
>
> 역사적으로 한국은 끊임없이 중국의 침략을 받다가 고려시대에 원나라의 침략을 받아 끝내 중국의 속국이 되었다. 조선시대에도 정묘호란, 병자호란을 겪으면서 다시 청나라의 속국이 되어 도합 오백년이 넘는 기간동안 중국의 지배를 받았지만 한국과 일본사이에는 천년이 넘는 기간동안 단 한차례의 임진왜란이란 전쟁이 있었을 뿐이다.
>
> **❞**

영국, 독일, 프랑스 사이에는 지난 천 년 동안 수없이 많은 전쟁이 있었다. 100년 전쟁, 나폴레옹 전쟁, 보불 전쟁, 프랑스 대혁명에 의한 전쟁 등 전쟁은 이, 삼십 년을 주기로 계속되어 왔다. 그 반면 한국과 일본 사이에는 천 년이 넘는 기간동안 단 한 차례의 임진왜란이란 전쟁이 있었을 뿐이었다.

일본은 수 없이 전쟁을 치른 유럽의 나라들과 달리 한국, 중국 등 주변들과 비교적 평화적으로 지냈었다.

일본이 근대화되기 전 까지는 천 년이 넘는 일본의 역사에서 공격적인 전쟁은 도요토미 히데요시의 임진왜란뿐이었으나 1,2차 세계 대전 이후 일본인들은 두 차례에 걸친 세계 대전 때문에 국제적으로 침략자란 이미지를 얻게 되었다. 이 이미지가 정당한 것인지는 세계 정치 학자와 역사 학자들 사이에 상당한 논란의 대상이 되고 있다.

동아시아에서 중국과 일본에 대한 평가는 상반되는 경향이 있다. 특히 한국인들이 중국과 일본을 보는 시각은 극히 대조적이다.

역사적으로 한국은 수·당 시대부터 끊임없이 중국의 침략을 받다가 고려 시대에 원나라의 침략을 받아 끝내 한국은 중국의 속국이 되었다.

조선 시대에 와서도 계속하여 정묘호란, 병자호란을 겪으면서 다시 청나라의 속국이 되었고, 도합 오백 년이 넘는 기간 동안 중국의 지배를 받았었다. 더욱이 한국은 1950년 6.25 전쟁시에 다시 한번 중국의 대규모 공격을 받아 한반도의 통일은 수포로 돌아갔다.

이러한 역사적 사실에도 불구하고 한국인들은 중국은 평화적이고, 일본은 침략적이라는 고정관념을 가지고 있다.

우리는 이러한 생각이 옳은 것인지 또 현재 한국의 통일을 방해하는 국가가 일본인지, 중국인지 정확하게 분석할 필요가 있다고 보여진다.

우리 한국인들은 일본을 보이는 대로 보지 않고, 보고 싶은 대로 보려고 하는 주관적인 경향이 강하다.

일본인들이 상혼에 물든 약은 사람들이라고 생각되면 이 증거를 찾기 위해 혈안이 된다. 그러다가 우연히 약삭빠른 일본인 하나를 찾으면 그것이 마치 모든 일본인들의 모습인 양 말하는 것이다. 한국인들은 일본인들이 섹스(Sex)를 좋아한다고 생각되면 일본 골목길을 이잡듯이 뒤져서 환락가를 찾아내고 기뻐한다.

　이 세상 천지에 상혼이 없는 상인이 어디에 있겠으며 섹스를 싫어하는 국민이 어디에 있겠는가? 몸보신에 집착하여 뱀, 개구리, 야생 동물을 닥치는 대로 잡아 먹는 한국인들이 일본인들의 섹스에 대하여 운운할 수 있는지도 의문스럽다.

　일본인들이 축소지향적이다 싶으면 일본인들이 축소시킨 여러 가지 물건들을 들고 나온다. 한국인들은 일본인들이 아주 작게 만든 라디오, 카셋트 등을 들먹이면서 일본인들이 축소지향적이라고 주장하면서 철 없는 사춘기 소년들처럼 기뻐한다. 그러나 작아진 녹음기와 비디오 카메라 등은 축소지향적인 일본인들의 기질 때문 이라기 보다는 한단계 앞선 기술인 하이테크(high tech)의 결과라고 보아야 한다.

　우리 한국인들이 이렇게 일본인들의 축소지향에 집착하면서 일본인들이 작게 만든 것만 보고 다니다가는 일본인들이 우리의 절보다 엄청나게 크게 만들어 놓은 일본의 사원을 보지 못하는 우를 범하는 것이며 앞으로도 일본의 뒷 꽁무니만 따라다니며 눈치나 보는 주체성없는 나라를 면치 못하게 될 것이다.

21세기, 세계의 중심은 한국과 일본이다

- 미래지향적인 한 · 일 관계
- 에필로그

미래 지향적 한·일 관계

> "
> 일본인들의 조상중 상당수가 한국인일 것이라는 사실과 천황의 조상이 한국인이요 일본인들의 뿌리는 한반도라고 볼 때 한국인들과 일본인들은 서로 근본도 비슷하고 또 현재 두 나라의 협조는 필수적이어서 상호협조와 공존공영의 정신을 싹틔워 한·일 양국민들을 동질화시켜나가야 한다.
> "

일본은 1868년 메이지 유신으로 사무라이와 평민간의 신분 차별이 없어졌다. 유신 정부하에서 하급 무사 출신인 오쿠보 도시미치가 유신 정부의 내무상이 되어 실질적인 일본의 지도자가 될 수 있었던 것도 바로 신분제의 철폐 때문에 가능했던 것이다. 그러나 이 신분 제도 철폐에 대해서 모든 일본인들이 찬성한 것은 아니었다. 상당수의 사무라이들은 자신들의 특권이 존재했던 구제도에 대한 향수 때문에 신분 제도에 대한 미련을 버리지 못했었다.

사이고 다카모리 같은 유신지사들도 유신이 된 후 무사들의 특권 박탈에 대하여 극렬히 반항하였다. 사이고 다카모리를 중심으로 뭉친 무사들은 유신정부를 무사 중심의 군사 정권으로 만들기를 원했었다.

일부 평민들도 신분 제도에 입각한 엄격한 사회 질서가 허물어지고 약간 무질서해 보이는 신정부하의 사회 현상에 대해 당혹해 하였었다. 일본 내에서도 신분 차별의 철폐에 대하여 약간의 이견이 있었던 것은 사실이었다. 그 반면 조선의 위정자들 시각으로는 메이지 유신이란 것이 매우 못 마땅했을 것이다. 반상의 차별이 뚜렷했던 조선 정부의 시각에서 신분 차별을 없애버린 메이지 유신 정부가 매우 못 마땅하게 보였을 것은 너무나 당연하다. 프랑스에서 대혁명이 일어나 프랑스 국민들이 왕을 처형하고 공화 정치를 시행하자 유럽의 거의 모든 강국들이 동맹을 맺고 프랑스를 침공하였었다. 프랑스 국민이 그들의 왕인 루이 16세를 처형했다는 소식을 들은 전 유럽의 왕들과 제후들은 분노를 금할 수 없었다.

이 불순한 사상이 자신들의 나라에도 침투하지 않을까 불안하여 공화국 프랑스를 지도상에서 없애 버려야 할 필요성을 느끼기 시작했던 것이다.

불안해진 유럽의 왕과 제후들은 서로 동맹을 맺고 프랑스를 공격했다가 나폴레옹의 반격을 받아 오히려 자신들이 공격 당하는 입장으로 바뀌었다. 1차 대전 중 러시아에서 공산 혁명이 일어나 레닌이 소비에트(노동자 병사 협의회) 공화국을 세운 사건이 발생했다. 자본가의 존재를 인정하지 않는 소비에트 정부의 출현은 서구 자본주의 국가들을 분노하게 만들었다.

1차 대전이 끝나자 서방 7개국은 소련에 군대를 파병하여 공동으로 소련을 공격하였었다. 그러나 소련 국민과 적군(赤軍)은 일치단결하여 서방 연합군을 막아냈다. 이러한 사실들을 종합해 보면 혁명이 일어나면 그 옆 나라의 지배층들은 그 혁명이 일어난 나라를 좋아하지 않는 것이 당연한 일인 것 같다.

조선 정부가 일본의 메이지 정부를 못 마땅하게 생각한 것도 어쩌면 당연한 일인지도 모른다. 거기다가 일본의 침략을 받아 나라까지 빼앗겼으니 한국인들이 일본인을 싫어할 만도 했다.

그러나 현재는 이러한 과거지사에 매달려 서로 증오하는데 시간을 소비할 수는 없다. 그것은 현재 우리의 처지가 그 정도로 한가롭지 못하기 때문이다. 한·일 양국민은 서로 근본도 비슷하고 또 현재 두 나라의 협조는 필수적이라고 보여진다.

많은 노력과 시간이 흐른 후에 가능하겠지만 가능하다면 두 나라는 연방제로 통일되는 것이 두 나라 모두에게 이득이 될 것이다. 두 나라 정부는 빈번하고 정기적인 각료 회의를 갖도록 하고 두 민족을 문화적으로 일치시키도록 노력해야 한다. 이렇게 하여 한국인들의 준법 정신, 근면성, 소득 수준을 일본 수준까지 끌어올려야 할 것이다.

우리는 2002년 한·일 월드컵 공동개최를 양국민의 상호 이해와 동질성 확보의 기회로 활용해야 한다.

이 행사를 계기로 삼아 한·일 양국민은 협동의 정신과 동질성 확보를 한단계 더 끌어 올려야 한다.

결국 한국인과 일본인의 수준을 비슷하게 일치시키고 문화적 동질성을 갖도록 유도하여 한·일 연방제를 이룩하는 것이 양국 모두에게 득이 될 것이다.

그렇지 않고 한국과 일본이 각자의 이익만을 추구하고 또 한국이 남북으로 분단되어 있는 현재의 상황이 계속된다면 한국과 일본의 앞날에 지극히 부정적인 영향을 미치게 될 것이다.

일본인들이 한국인을 포용하고 한국인들이 일본인들을 이해하면서 서로 협동하는 것을 배워야 한다.

상호 협조와 공존공영의 정신이 싹트면 한 걸음 더 나아가 한·일 양국민을 동질화 시켜야 한다. 천황의 조상이 한국인이요 일본인들의 뿌리는 한반도라고 생각하는 한국인들이 일본인과 동질성을 갖지 못할 이유가 없는 것이다.

사실 옛부터 일본은 한국으로부터 문화를 수입하기도 하고 또 일본인의 조상 중 상당수가 한국인일 것이라는 사실은 의심의 여지가 없는 것이다.

물론 일본인의 인종 구성은 한반도의 한국인과 남태평양의 폴리네시아인 그리고 게르만족의 일파로 생각되는 아이누족 등 상당히 복합적이라고 생각되기도 하지만 역사적으로 일본 지배층의 주류는 역시 한국인이라고 추측된다.

따라서 한·일 양국민은 상호 이해와 협조를 통하여 동질성을 회복하고 각각의 민족의 장점을 취합하여 진일보한 사회를 만들어 나가야 한다.

한·일 연방국가의 성립은 동북아시아의 미래에 새로운 가능성을 제시하고 21세기 국제 무대의 중심에 서게 될 것이다.

에필로그

현재 한국의 현실에서 한 · 일 경제 공동체와 한 · 일 연방제를 주장한다는 것은 국민 정서상 거부감을 느낄 수도 있을 것이다.

따라서 이 같은 주장은 필자에게도 상당히 부담되는 것이 사실이다. 어떤 사람들은 정신나간 소리라고 할지도 모른다. 그러나 사상의 자유와 언론의 자유가 있는 나라에서 다양한 학설이 나올 수 있고, 또 다양한 비판이 나오는 것이 자연스러운 일이다. 또 작금의 나라사정이 끝이 보이지 않는 살얼음판 위를 걷고 있는 듯한 위기상황에 작은 충고가 되어 마지막 순간까지 백성과 민족을 위한 지도자와 권력층에 도움이 되길 바라는 마음에서 펜을 들었다.

재래식 전쟁보다 열배 아니 수백배 더 참혹한 이 살벌한 경제 전쟁 시대에 한국의 미래를 향하여 또 발전을 향하여 어두운 과거를 청산할 필요가 있을 것 같다. 또 한국인들의 국수주의적 반 일, 반미 감정은 결코 바람직하다고 보여지진 않는다. 물론 필자도 한 · 일 연방제를 당장 실시하자는 뜻은 아니다. 연방제보다는 오히려 한 · 일 경제 공동체 쪽에 무게를 두고 싶은 것이 사실이다.

그러나 경제 공동체 구성은 자칫하면 한 · 일 양국 중 한쪽이 일 방적으로 손해를 보는 결과를 초래할 수도 있다. 경제 공동체를 구성하여 한 · 일 양국이 서로 자기의 이익만을 위해 노력한다면 결과적으로는 경제적 약자인 한국이 손해 볼 가능성이 더 큰 것도 사실이다.

또 현재 한국이 IMF사태를 혼자 힘으로 극복할 수 있을 것인가? 하는 문제도 상당히 회의적이다. 왜냐하면 선진국인 영국 같은 특수한 경우를 제외하고는 IMF 관리 체제를 탈피한 나라가 이 지구상에 한 나라도 없다는 것이 엄연한 사실이기 때문이다. 선진국 영국이 IMF 관리 체제를 혼자 힘으로 벗어났다고 해서 한국도 가능하다고 생각한다는 것은 현실을 무시한 독단적인 생각인 것이다.

사실 한국이 IMF체제를 탈피하려고 했으면 1997년 12월부터 신속하게 구조 조정을 완료한 후, 다시 한번 수출 드라이브(drive)를 걸어야 했었다. 현재처럼 집권층이 재벌 사정 봐주고, 노조의 눈치를 보는 어정쩡한 정책으로는 절대로 불가능한 것이다.

한국처럼 법인체 사장이 기업을 좌우하는 나라에서는 기업의 부도 시에 반드시 회사 대표의 사재 출연이 뒤따라야 했었다. 또한 적자 나는 회사의 직원들에게는 철저한 감원, 감봉 조치를 취했어야 했다.

그러나 한국에서는 이러한 일들이 실현되지 못했었다. 이제 우리는 만사를 제쳐놓고 경제 회복에 전념을 해야 할 때인 것이다.

이 상태로 간다면 몇년안에 한국은 멕시코나 필리핀처럼 될 가능성이 매우 크다. 우리는 이 급박한 상황에서 태평스럽게 앉아 있을 수는 없다. 바로 이 태평스러운 생각 때문에 우리가 IMF 관리 체제란 최악의 상황에 걸려든 것이기 때문이다.

2차 대전 당시 열렬한 반공주의자였던 영국 수상 처칠은 공산국가인 소련과 동맹을 맺고 독일과 싸웠다. 이 동맹에 대하여 기자와 정적들은 처칠에게 다음과 같은 질문을 하였다.

"평소에 반공을 정치 철학으로 삼았던 수상이 공산당원인 스탈린과 동맹을 맺는 다는 것은 정치적인 변절 행위가 아닌가?" 이 질문에 대하여 처칠은 "나는 히틀러를 타도하기 위해서는 악마와도 동맹을 맺겠다."고 답변을 하였다. 우리도 우리의 이 난국을 헤쳐 나가기 위해서는 우리에게 득이 된다면 어떤 나라와도 손을 잡아야 될 것이다.

일본도 여기에서 예외일 수는 없는 것이다.

21세기의 문턱에서…

이용재